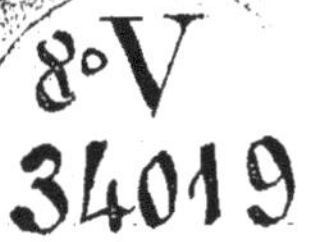

L'EMPLOI

DES

TROUPES DU GÉNIE

EN LIAISON

AVEC LES AUTRES ARMES

PAR

le Capitaine CAMUT

PARIS
LIBRAIRIE MILITAIRE R. CHAPELOT ET Cie
IMPRIMEURS-ÉDITEURS
30, Rue et Passage Dauphine, 30

1910

L'EMPLOI

DES

TROUPES DU GÉNIE

EN LIAISON

AVEC LES AUTRES ARMES

PARIS. — IMPRIMERIE R. CHAPELOT ET Cᵉ, 2, RUE CHRISTINE.

L'EMPLOI
DES
TROUPES DU GÉNIE
EN LIAISON
AVEC LES AUTRES ARMES

PAR

le Capitaine CAMUT

PARIS
LIBRAIRIE MILITAIRE R. CHAPELOT ET Cie
IMPRIMEURS-ÉDITEURS
30, Rue et Passage Dauphine, 30

1910

CHAPITRE PREMIER

Considérations générales.

L'étude par les Commissions de l'armée des deux Chambres du projet de loi des cadres, a fourni à plusieurs officiers du génie, parmi les plus compétents, l'occasion de proposer à ces Commissions et de discuter devant elles une organisation nouvelle des troupes de l'arme, consistant en la création de bataillons autonomes, incorporés dès le temps de paix dans les corps d'armée.

Cette mesure permettrait aux commandants de nos grandes unités, de faire participer fréquemment les sapeurs aux manœuvres des troupes sous leurs ordres et assurerait, par le travail du génie en commun avec les autres armes, sa préparation au rôle qui lui incombe sur le champ de bataille. Mettre en œuvre tous les moyens pour assurer la liaison de tous les efforts, telle serait pour lui comme pour l'artillerie « la doctrine tactique » et l'idée directrice de l'instruction. Il est malheureusement incontestable que les troupes du génie, peu connues des états-majors, sont rarement utilisées dans les exercices du temps de paix comme il le conviendrait, tandis qu'elles-mêmes, absorbées par le côté purement technique de leurs spécialités, se confinent trop souvent dans les limites étroites de leurs polygones, ne s'occupant point de ce qui se fait en dehors. Aux grandes manœuvres on les voit généralement faire des tranchées, organiser des localités ou des positions de replis sans qu'on sache exactement ni pour qui elles travaillent, ni quelle idée tactique préside à leurs travaux: dans les exercices sur la carte, dont nous ne parlerons que pour mémoire, elles sont presque toujours oubliées !

On sait le déboire qu'éprouvèrent les Autrichiens à Sadowa ; arrivés au moment de s'engager sur les positions qu'ils devaient occuper, ils s'établirent, sans les utiliser, à côté des ouvrages construits la veille par les sapeurs du colonel Pidol ; ceux-ci livrés à eux-mêmes n'avaient donc en réalité travaillé, c'est le cas de le dire, que pour le roi de Prusse. Dans un ouvrage récent on voit encore des compagnies du génie chargées d'organisations « dans le vide », et cependant notre Règlement sur le Service des armées en campagne est d'une précision qui ne laisse aucun doute : « *Le génie, dit-il, accompagne les colonnes et facilite leurs mouvements...; il contribue à la mise en état de défense de localités et, s'il y a lieu, à la construction d'ouvrages de fortification passagère ainsi qu'à l'organisation de positions de replis*[1]. » Contribuer à ce que font les autres armes, c'est-à-dire travailler avec elles et pour elles en exécutant ce qu'elles ne peuvent faire, tel est, nettement défini, le rôle assigné à la quatrième arme.

A vrai dire, les études faites à l'École supérieure de guerre, ou celles publiées pour la préparation des officiers qui y sont candidats, ont précisé les idées en ce qui concerne l'emploi des troupes du génie dans les organisations défensives. Il est maintenant bien établi, sinon appliqué, que les compagnies, pelotons ou sections doivent être mis, suivant les besoins, à la disposition des commandants d'unités chargées d'occuper des points d'appui dont l'organisation nécessite des travaux spéciaux, que ces points d'appui fassent partie de positions

---

[1] Décret du 7 août 1905. Art. 136.

de première ligne ou de positions de replis. Pour ces dernières se sont les réserves appelées éventuellement à les occuper, que la situation générale soit offensive ou défensive, qui auront à les organiser avec ou sans le concours du génie.

Prenons le cas d'un village où l'on veut tenir solidement : pour un autre point d'appui, un bois par exemple, l'application serait différente, mais le principe resterait le même. Le commandant de la troupe, responsable de la défense, emploiera les sapeurs mis à sa disposition selon l'idée qu'il se fait de cette défense et la manœuvre qu'il conçoit pour l'emploi de sa réserve. S'il veut peu de monde aux lisières de la localité, de façon à pouvoir étendre son front en occupant des tranchées sur les flancs, il demandera au génie de renforcer l'obstacle passif formé par ces lisières, au moyen de barricades, d'abatis, de fils de fer. S'il veut au contraire occuper fortement les lisières de la localité, il fera préparer par le génie des abris de section ou demi-section pour les troupes de première ligne et des communications défilées reliant ces abris à la position de combat ; dans tous les cas il y aura lieu d'aménager des emplacements couverts, blindés si possible, pour les mitrailleuses, des communications pour le mouvement soit des réserves partielles, réservoirs d'hommes appelés à renforcer la chaîne, soit de la réserve principale destinée aux contre-attaques.

Si maintenant nous passons du cas d'un point d'appui isolé à celui d'une organisation défensive d'ensemble, celle-ci logiquement ne doit avoir qu'un but : l'économie des forces sur une grande étendue du front, pour permettre, l'heure venue, de faire un vigoureux effort sur un point déterminé.

Cet effort comportera nécessairement la marche d'approche, l'engagement et la progression d'effectifs importants d'infanterie, d'artillerie, peut-être aussi de cavalerie dans un terrain où l'on finira forcément par rencontrer des obstacles et où, par conséquent, les sapeurs auront à venir en aide aux camarades ; nous en arrivons ainsi à l'offensive.

L'emploi du génie dans « *le mouvement en avant* » semble jusqu'ici moins précisé ; il comporte de la part du commandement une communauté de pensée avec ses officiers du génie et, de la part de ces derniers, une prévision constante des besoins à satisfaire les conduisant : 1° à connaître les travaux qu'ils peuvent avoir à exécuter ; 2° à rechercher et à préparer tout ce qui leur sera nécessaire pour y procéder rapidement. C'est le seul moyen qu'ils aient de ne pas être pris au dépourvu.

Supposons un corps d'armée engagé sur un cours d'eau ; des troupes de toutes armes, y compris une compagnie du génie sont en réserve : il est possible qu'elles soient employées à une attaque qui les amènera à passer le cours d'eau. Tant qu'on ne sait pas quelle tournure vont prendre les choses, ce n'est qu'une possibilité, mais va-t-on attendre que cette possibilité devienne certitude, c'est-à-dire que l'ordre d'attaque soit donné pour penser au génie, et l'officier du génie restera-t-il jusque-là inactif?

Le passage du cours d'eau par les troupes en réserve est une éventualité qui peut se présenter ; dès lors, il faut que le capitaine du génie, sans attendre du commandement des ordres qu'il ne recevra peut-être pas, prenne ses dispositions pour être prêt le moment venu.

Il devra donc se renseigner sur la valeur de l'obstacle, réunir les bois nécessaires à la construction des passerelles et, si c'est possible, procéder à cette construction, prévoir le transport des matériaux jusqu'au dernier couvert puis jusqu'à pied d'œuvre, préparer le lancement, en un mot, faire le nécessaire pour être en mesure, si les autres armes ont besoin de son concours, de le leur apporter sans difficulté ni perte de temps.

Pour exposer les quelques idées très simples dont nous paraît devoir s'inspirer l'emploi du génie en campagne, et par conséquent son instruction en temps de paix, nous nous sommes conformé à l'usage du cas concret, mais il ne pouvait être dans notre pensée de commenter après tant de maîtres quelque fait de l'histoire. Ces pauvres faits historiques commencent un peu à demander grâce, et puis, nous devons l'avouer, en raison de l'incertitude où l'on se trouve à chaque instant, aussi bien des idées du commandement que des événements qui en ont été ou non la conséquence, ce qui fait d'ailleurs tout le charme des discussions tactiques, nous nous serions trouvé pour notre part dans une situation complètement fausse. Les troupes du génie doivent logiquement opérer dans une situation et conformément à une idée bien définies ; s'il y a incertitude, il est fort difficile de rechercher ce qu'elles auraient pu faire et comment elles auraient pu le faire.

Aussi nous avons placé notre étude dans un cadre plus précis quoique plus modeste. Nous avons pris dans le *Journal des Sciences militaires* le développement d'une situation tactique, en adoptant, sans nous livrer au plaisir toujours facile de la critique, la solution des auteurs, les ordres qu'ils avaient rédigés, et nous avons essayé de vivre cette situation comme officiers du génie, dans les différents emplois. Recevant tel ordre, nous trouvant dans telle situation, qu'aurions-nous fait ?

Rappelons d'abord brièvement la situation générale[1].

---

[1] Thème nº 5-6 du *Journal des Sciences militaires*, première série.

CHAPITRE II

Situation générale.

La situation générale est analogue à celle des derniers jours de décembre 1870.

Une armée dite du Sud est chargée de couvrir le siège de Belfort, de protéger l'investissement sud-est de Paris et les communications de l'armée de blocus contre des attaques pouvant venir de Besançon, de Lyon, de Nevers et de Bourges.

Cette armée comprend 3 corps d'armée (XIIe, XIIIe, XIVe) et une division de cavalerie. A la fin de juillet le XIVe corps a commencé sa retraite de Dijon sur Vesoul rappelant à lui tous ses détachements; le XIIIe est stationné autour d'Auxerre, le XIIe s'est mis en marche de Montargis dans la direction de Sens.

Une armée nationale, dite de l'Est, comprenant également trois corps d'armée[1] et une division de cavalerie, est à la fin de juillet en voie de rassemblement aux abords de Besançon (24e corps), de Dôle (25e corps), et d'Auxerre (26e corps et 9e division de cavalerie); elle a pour mission de battre les troupes qui protègent les communications

---

[1] Ces corps comprennent 2 divisions (à 4 régiments de 4 bataillons, 6 batteries, 1 compagnie du génie, 1 escadron divisionnaire), 1 artillerie de corps (11 batteries, dont deux à cheval), 1 compagnie de génie de corps, 1 brigade de cavalerie.

de l'ennemi, et de détruire celles-ci de fond en comble, dans l'espoir de contraindre ainsi l'adversaire à lever l'investissement de la capitale.

Le commandant de l'armée de l'Est, informé le 1er août que le XIVe corps ennemi a terminé sa concentration autour de Vesoul, décide d'entamer dès le lendemain la marche dans cette direction. Le 2 août, l'armée s'échelonne en trois colonnes de corps d'armée sur les routes conduisant à Vesoul, une brigade mixte (2 régiments et 3 batteries de la 47e division, 1 régiment de cavalerie) est détachée par le 24e corps vers Beaume-les-Dames, à fin de couvrir le flanc droit de l'armée contre les entreprises du corps de siège de Belfort.

Pendant les journées des 3 et 4 août, l'armée continue son mouvement sur Vesoul; le 4, au soir, après avoir combattu les arrière-gardes ennemies, ses corps atteignent avec leurs avant-gardes : Vellefaux (24e), Andelarrot (25e), Velle-le-Chatel (26e); la flanc-garde a occupé Vallerois-le-Bois, après en avoir délogé un détachement ennemi qui s'est replié sur Saulx-de-Vesoul.

Les renseignements fournis par les brigades de cavalerie, à la suite des combats du 4 août, ayant fait connaître que le XIVe corps de l'armée du Sud a pris position derrière le Durgeon, la droite à Montigny-lès-Vesoul, le centre à Vesoul, la gauche à Colombier, le commandant de l'armée de l'Est donne pour le 5 août l'ordre suivant :

« . . . .

« Le 24e corps s'engagera sur le front Montcey, Frotey-lès-Vesoul.

Le 25e corps s'étendra à la gauche du 24e, jusqu'à Charriez inclus.

« L'avant-garde du 26e corps se déploiera de part et d'autre de Pontcey; elle sera soutenue par le reste de la division qui l'a fournie.

« L'autre division du 26e corps, l'artillerie de corps et

la brigade de cavalerie seront rassemblées à la disposition du commandant de l'armée au nord et près de Noidans-le-Ferroux.

« Ces diverses opérations devront être effectuées pour 11 heures du matin. »

La présente étude a pour objet l'emploi des troupes du génie aux 24e et 26e corps dans la journée du 5 août.

CHAPITRE III

Le génie au 24e corps.

MOUVEMENT DES AVANT-GARDES

Le 4 août, au soir, le 24e corps, dont le quartier général est à Echenoz-le-Sec, est au cantonnement-bivouac, savoir :

L'avant-garde, 94e brigade (régiments nos 3 et 4), 1 groupe d'artillerie, 1 compagnie du génie, 1 escadron de la 47e division à Vellefaux et Vallerois-Lorioz couverte par des avant-postes (2 bataillons du 3e régiment, 1 peloton) établis aux Cottets et à La Demie.

La 95e brigade (régiments nos 5 et 6) avec l'artillerie et le génie de la 48e division à Echenoz-le-Sec et au Sud.

La 96e brigade (régiment nos 7 et 8), l'escadron de la 48e division, l'artillerie et le génie de corps à Filain, Vy-lès-Filain, Anthoison.

Le régiment disponible de cavalerie est à Neurey-lès-La Demie[1]. En exécution des prescriptions de l'ordre de l'armée, le général commandant le 24e corps donne l'ordre suivant :

[1] La 93e brigade (régiments 1 et 2) 1 groupe de la 47e division, 1 régiment de cavalerie forment la flanc-garde d'armée à Vallerois-le-Bois.

« *Ordre d'opérations du 24e corps pour la journée du 5 août*[1].

Echenoz-le-Sec, 5 août, 2 heures du matin.

« 1° L'ennemi dont nous poursuivons les arrière-gardes paraît vouloir tenir sur le Durgeon, entre Colombier, Coulevon, Vesoul et Montigny. Son détachement de flanc, chassé hier de Vallerois par notre flanc-garde, s'est replié sur Saulx-de-Vesoul.

« 2° On attaquera, ce matin à partir de 11 heures sur tout le front adverse. Tandis que la flanc-garde d'armée s'avancera sur Saulx-de-Vesoul et que la droite du 25e corps fera face à Vesoul, le 24e corps partant du front Frotey-Montcey s'efforcera de conquérir les hauteurs de la rive droite du Durgeon entre Vesoul et Colombier.

« 3° Il se trouvera formé, pour 11 heures du matin dans la situation suivante :

« *En réserve*, sous les ordres du commandant de la 48e division :

« *a*) 95e brigade, artillerie, génie et 1 peloton de cavalerie de la 48e division aux abords d'Essernay.

« *b*) 1 régiment de la 96e brigade, 9 batteries montées de corps, 1 peloton de cavalerie de la 48e division au sud de la ferme Charmont.

« *En avant-gardes :*

« *a*) L'avant-garde actuelle du corps d'armée (*avant-garde principale*) sous les ordres du commandant de la 47e division occupant Frotay (349), la partie ouest du bois de Frotey et se liant au 25e corps dans la direction de Navenne.

« *b*) *Une avant-garde secondaire* (1 régiment de la 96e brigade, 2 batteries à cheval et la compagnie du

---

[1] Solution du thème n° 4.

génie de corps, 2 pelotons divisionnaires) sous les ordres du commandant de la 96e brigade, occupant les débouchés nord de la région boisée comprise entre Comberjon et le bois au sud de Montcey. Cette avant-garde se liera à gauche avec l'avant-garde principale et mettra une garnison dans Montcey.

« c) *Le régiment disponible de cavalerie* se tenant vers le bois de Mont-Aubry, reconnaissant sur Montaigu, Saulx-de-Vesoul, et cherchant la liaison avec la flanc-garde d'armée.

« Ce régiment aura, tout d'abord, reconnu le front ennemi depuis Frotey, et pris successivement la droite de l'avant-garde principale, puis de l'avant-garde secondaire.

« 4° Pour se porter sur les emplacements ci-dessus définis :

« *L'avant-garde principale* disposera de la route Vellefaux, Neurey-lès-La Demie, cote 274, chemin de terre de Colombe-lès-Vesoul, cote 280 (2 kilomètres est de Frotey), et de tous les itinéraires plus à l'ouest. Elle aura entièrement dépassé Colombe-lès-Vesoul à 9 heures du matin.

« *L'avant-garde secondaire* passera par Filain, ferme la Beaume, ferme Gambey, Villers-le-Sec (partie est), Essernay (église), Dampvalley-lès-Colombes. Ce village sera dépassé à 9 h. 30 du matin.

« *La réserve de la ferme Charmont* suivra l'itinéraire précédent et se rassemblera à partir de 9 h. 45.

« *La réserve d'Essernay* passant par Neurey-lès-La Demie (derrière l'avant-garde principale) Villers-le-Sec (église), *Essernay* (ouest et nord), se rassemblera à partir de 9 heures à la lisière sud du bois Camet. Elle devra pouvoir déboucher, le cas échéant, sur plusieurs colonnes, aux abords de la ferme Charmont.

« 5° Le commandant du corps d'armée marchera avec l'avant-garde principale. »

Le génie pendant la marche.

I. A l'avant-garde principale :

Le mouvement de cette avant-garde pour se rendre à la position indiquée par l'ordre du corps d'armée s'effectue en deux colonnes[1] :

« A) *A gauche :* 2 bataillons du 3e régiment disposant chacun d'un peloton divisionnaire et se suivant à distance de 1,500 mètres prendront la route La Demie-Quincey. Ces deux bataillons sont destinés à couvrir le flanc gauche du corps d'armée en allant occuper : le premier la hauteur entre Navenne et Quincey jusqu'à relèvement par le 25e corps ; le deuxième, Frotey.

« Les deux bataillons d'avant-postes rallieront par La Demie et Quincey : celui de La Demie dès qu'il sera dépassé par la colonne de gauche ; celui des Cottets, dès le moment où les premières troupes du 25e corps l'atteindront.

« B) *A droite :* le général commandant la 94e brigade, avec 1 peloton divisionnaire, 1 régiment, l'artillerie et le génie, marchera par Neurey-lès-La Demie, la cote 274 (gouffre de Frais-Puits), Colombe-lès-Vesoul, vers le bois de Frotey. Le bataillon de tête de la colonne de gauche quittera Vallerois à 5 h. 45 du matin ; celui de la colonne de droite, à 6 heures. »

Quelles sont les dispositions à prendre par le capitaine commandant la compagnie du génie ?

Emploi d'un officier en reconnaissance détaché à la cavalerie de l'avant-garde.

La marche par bonds laissera à cet officier le temps de reconnaître les obstacles que la colonne peut rencontrer, et de rechercher les ressources du pays que l'on pourrait éventuellement utiliser.

---

[1] Ordre d'opérations de l'avant-garde pour le 5 août.

Dans le cas présent il portera son attention sur :

le bois 284 que certaines fractions pourraient avoir à traverser ou à occuper, pour soutenir s'il était besoin les bataillons de flanc-gardes ;

la voie ferrée ;

le ruisseau de la Colombine et le bois Camet ;

le bois Frotey.

La liaison qui doit exister entre les deux colonnes de l'avant-garde l'amènera à se préoccuper des conditions dans lesquelles leurs communications seraient assurées, au cas où l'ennemi tiendrait la Colombine par de forts avant-postes et résisterait à Frotey.

Enfin, il devra rechercher quelles ressources pourraient être éventuellement réquisitionnées à Villers-le-Sec, Colombe-lès-Vesoul, Quincey. Pour cette dernière mission il sera utilement, on pourrait dire nécessairement, secondé par un sous-officier à bicyclette. La compagnie du génie est riche en sous-officiers, son cadre en compte 19 non compris l'adjudant ; il faudrait qu'on pût en détacher un ou deux dans de semblables conditions et pour cela :

1° Que la compagnie possède sur ses voitures quelques bicyclettes pliantes comme les bataillons de chasseurs ;

2° Que nos sous-officiers soient exercés à ces reconnaissances et surtout aux réquisitions.

Les renseignements seront adressés au commandant de l'avant-garde qui est en liaison avec sa cavalerie ; le commandant de l'avant-garde transmettra au commandant de la colonne ceux qui lui paraissent devoir l'intéresser.

Dans le cas présent ils seraient les suivants [1] :

---

[1] Ces données ne sont point de notre imagination, elles résultent des reconnaissances personnelles que nous avons faites sur le terrain, à fin de rendre cette étude plus vivante et aussi de montrer tout le parti que l'on peut tirer des ressources locales. En préconisant leur utilisation dans une mesure beaucoup plus large qu'on ne le fait actuellement, nous n'entendons pas rester dans le domaine, assez vague en pareil cas, de la

a) La voie ferrée, de part et d'autre du passage à niveau (400 mètres nord-est du carrefour 274), est en remblai dont les talus en pente assez raides sont praticables à l'infanterie seulement.

b) Au delà de la voie ferrée, l'itinéraire de la colonne est exposé aux vues de la hauteur de la Motte [1] (Vesoul); en prenant plus à l'est, à travers les friches, on sera défilé, d'abord par la crête (dans le vallon à l'est de Villers), puis par une série de boqueteaux et de haies élevées s'étendant jusqu'à Colombe-lès-Vesoul.

Dans ce nouvel itinéraire le sol, où le roc affleure, est très bon, mais il sera nécessaire de pratiquer par endroits dans des haies ou de petits taillis, des passages pour l'artillerie.

c) On trouve à Villers-le-Sec (scierie à vapeur de M. V.) des bois de charpente de toutes dimensions et des billes débitées en planche de $0^{m},04$ utilisables pour la construction de passages.

d) A Colombe-lès-Vesoul il n'existe qu'un pont, pas de passages aux Moulins (amont et aval), la rivière a une profondeur moyenne de $0^{m},80$, une largeur variant de 2 mètres à 3 mètres. On trouve sur place les bois nécessaires pour la construction de passerelles (bois en grume près de l'église, planches de fond des charrettes lorraines, volets pleins des maisons). Pour être défilés des vues de la Motte, ces passages devront être établis en amont du pont existant.

---

théorie, mais bien établir par des faits réels la possibilité matérielle de ce que nous avançons. Toutefois comme ces reconnaissances ont été faites en novembre, nous pouvons nous trouver en désaccord avec les numéros antérieurs du *Journal des Sciences militaires* en ce qui touche plus particulièrement le régime des cours d'eau. D'après les habitants, le niveau des eaux que nous avons apprécié correspond au régime moyen.

[1] Et par suite aux coups d'une artillerie ennemie qui y aurait pris position, la distance étant de 5 kilomètres.

e) Le vallon de la Fontaine du Frais-Puits est à sec, mais ses versants (parois rocheuses abruptes) sont impraticables ; la voie ferrée, construite en palier au flanc du rocher vers l'origine du vallon, en tranchée profonde vers Quincey, est elle-même un obstacle très important; les communications entre les deux parties du terrain que sépare ce vallon ne peuvent donc se faire que par le Frais-Puits ou par Quincey.

f) La route de Quincey à Frotey est complètement exposée sur une longueur de 400 mètres aux vues de Vesoul, mais de Quincey on peut gagner à peu près à couvert le moulin de Chandanois [1]. Un chemin partant de l'église de Quincey et passant sous la voie ferrée descend à la rivière (pente assez forte, praticable néanmoins à l'artillerie); de mauvaises planches sont jetées sur les deux bras du ruisseau. Largeur et profondeur moyennes 4 mètres et $1^{m},20$. On trouve, pour la construction de passages, des bois en grume de 6 mètres et 7 mètres de longueur (chez M.M. Route de Villersexel), de nombreux fagots sur la place de l'église et des charrettes dont on pourra utiliser les planches de fond [2].

On va nous dire sans doute que cet officier en reconnaissance aura beaucoup à faire, ce qui ne serait certes qu'une preuve de son utilité. Déjà nous avons supposé qu'il avait à sa disposition un sous-officier ; mais, à défaut de lui, il ne serait pas seul. Détaché à la cavalerie de l'avant-garde, il doit être en relation avec le chef de celle-ci et échanger quelques idées avec lui. Aussi croyons-nous qu'il n'y aurait aucun inconvénient à ce qu'il fût amené à lui dire : « Vous envoyez une patrouille à tel endroit, peut-elle vérifier tel point qui m'est nécessaire »

[1] C'est ainsi qu'on désigne dans le pays le moulin à 300 mètres à l'est de Quincey.

[2] Ces planches sont mobiles, elles ont une longeur de 5 mètres, une largeur de $0^{m},40$ et une épaisseur de $0^{m},03$.

Ainsi sera mis une fois de plus en pratique le principe du travail en commun dans le même but, la liaision de tous les efforts en vue du succès.

Nous verrons ultérieurement, en traitant des travaux exécutés, quel parti sera tiré de ces renseignements, mais dès maintenant il convient de faire quelques remarques.

Supposons la Colombine un obstacle plus important qu'il n'est en réalité, et supposons également qu'à défaut de matériel d'équipage on soit dans l'obligation, pour des raisons qui peuvent très bien se présenter, d'établir un pont d'un vingtaine de mètres. Les ressources trouvées à Colombe-lès-Vesoul sont plus que suffisantes, et alors que verra-t-on?

Les sapeurs chargés du travail chercheront dans le voisinage des arbres à abattre pour la confection des chevalets, sans trop se demander quel temps il faudra pour abattre ces arbres, les élaguer, les transporter, surtout avec des hommes qui sont, il faut bien le reconnaître, peu exercés à ce genre de travail[1], sans trop se préoccuper non plus des surprises désagréables que leur réservera souvent le bois vert. Dans ces conditions, quel sera le résultat? L'expérience de manœuvres assez récentes nous l'apprend. Au bout d'une journée, le pont ne sera pas terminé. La faute en sera-t-elle, comme on le dira, aux sapeurs? Oui et non, cela dépend à qui l'on veut s'en prendre. Les officiers chargés de la construction du pont ont voulu abattre des arbres, faire des chevalets, mais ils ne pouvaient guère faire autre chose. C'est ce que leur apprend le règlement, ce qu'ils pratiquent aussi, dans des conditions tout autres, à la vérité, car au polygone on achète les bois au lieu de les abattre; c'est aussi ce que permet leur outillage constitué en vue

---

[1] Dans les exercices du temps de paix on ne confie guère la hache ou la cognée qu'aux charpentiers de profession, la compagnie mobilisée en compte 12 seulement.

de la construction du pont de chevalets d'ailleurs toujours boiteux.

Il nous semble que l'on aurait considérablement simplifié le problème et gagné beaucoup de temps, en envisageant la question de la manière suivante. L'officier en reconnaissance requiert les bois qui lui paraissent nécessaires, les moyens de transport, les habitants[1] pour la manipulation (chargement et déchargement) du matériel; dans notre hypothèse ces réquisitions auraient été faites à Villers-le-Sec, et les premiers éléments du pont, dirigés sur Combe-lès-Vesoul, y seraient arrivés, ou peu s'en faut, au moment où la troupe chargée de les employer aurait été en mesure de s'en servir. Il ne faut pas oublier, en effet, que les hommes qui viennent de marcher auront quelquefois besoin d'un moment de repos leur permettant de casser une croûte avant de se mettre à l'ouvrage.

Voyons du reste ce qui se fait chez le voisin.

---

[1] On préconise quelques fois la réquisition des habitants pour les travaux qui incombent aux troupes du génie, celles-ci n'étant plus alors employées qu'à l'encadrement du personnel civil, sa surveillance et sa direction.

Nous ne pensons pas que cette manière de procéder soit susceptible de donner un rendement quelconque. Quel parti pourra-t-on tirer des habitants dans l'organisation défensive d'une localité ou dans les travaux du champ de bataille. Un enfant de Wœrth qui passa la journée du 6 août avec tous les siens blotti dans une cave, nous racontait un jour qu'il eût été bien difficile d'en faire bouger qui que ce fût, et puis dans le cas où il n'en serait pas ainsi ne risquerait-on pas de voir les sapeurs perdre leur temps en dirigeant des gens ne sachant pas faire ce qu'on leur demande.

On ne peut guère exiger des paysans autre chose que des services généraux tels que charrois de matériaux, chargements et transports de toutes natures. Quand on voudra des travailleurs spécialisés, tels que des terrassiers pour des travaux de fortification ou la construction de déviations de voie ferrée, des bateliers, etc., on ne devra requérir que des gens du métier, et, bien entendu, cela ne pourra se faire que dans des centres ouvriers.

Pendant longtemps les sapeurs de chemins de fer eurent à leur disposition des procédés si rudimentaires pour la construction des estacades en charpente, qu'on eut sans doute jugé bien aléatoire d'en entreprendre. Il en est actuellement tout autrement, et les expériences de Vitry-le-François ont au contraire établi qu'on disposait aujourd'hui pour ces travaux de procédés sûrs et rapides. Pour cela, il a fallu simplement que l'exploitation raisonnée des ressources du territoire permit de requérir rapidement les matériaux nécessaires. Un simple télégramme suffit pour assurer l'expédition d'une estacade de tant de mètres, tout comme celle d'un pont démontable, et la certitude de disposer dans tous les cas de bois de dimensions déterminées a permis d'uniformiser et de simplifier les procédés de construction.

Pourquoi n'entrerait-on pas dans cette voie pour les ponts de circonstances. Les bois les plus courants du commerce sont de dimensions connues ; qu'on simplifie la construction des ponts de pilotis légers par l'emploi de ces matériaux, et qu'on l'accélère en donnant à nos compagnies des sonnettes légères du type hollandais pour battre rapidement les pilots. Les voitures de sapeurs-mineurs contiennent beaucoup de choses dont on pourrait les décharger ; par contre elles manquent d'outils spéciaux appropriés à certains travaux simples qu'il conviendrait peut-être de réglementer [1].

Pour terminer avec la question des reconnaissances, disons en passant que le général commandant le corps d'armée a détaché avec le régiment de cavalerie disponible un officier de l'état-major du génie [2]. Ce régiment,

---

[1] Nous reviendrons ultérieurement sur cette question.

[2] L'état-major du génie comprend : outre le commandant du génie du corps d'armée, 1 chef d'état-major, 1 capitaine, 1 officier d'administration, 2 secrétaires. Nous n'avons pas la prétention de discuter le rôle de cet organisme auquel la présence d'un chef d'état-major donne toutefois

se portant, d'après l'ordre du corps d'armée, vers le bois de Mont-Aubry, avait comme première mission de reconnaître le front ennemi. L'officier du génie s'occupera particulièrement de la praticabilité des bois, de l'obstacle formé par le Durgeon et des moyens de le franchir; il renseignera utilement le commandant de corps d'armée quand celui-ci viendra sur le terrain l'étudier personnellement.

Les services que peut rendre l'officier en reconnaissance nous paraissant bien établis, nous sommes amené à trouver que le nombre des officiers de la compagnie divisionnaire (1 capitaine, 3 lieutenants, dont un de réserve) est un peu faible, et qu'il y aurait intérêt à doter ces compagnies, comme les compagnies de corps, d'un capitaine en second[1]. Celui-ci pourra être chargé des reconnaissances dans certains cas importants, mais normalement sa place sera au gros de la compagnie, dont le capitaine-commandant accompagnera alors le général, remplissant auprès de lui le rôle de commandant du génie de la division.

Si nos sous-officiers doivent être exercés aux reconnaissances du matériel et aux réquisitions, nos officiers doivent être aptes à toutes les reconnaissances qui leur incombent. Allants, bien montés, entraînés au point de vue physique comme au point de vue technique aux exercices extérieurs, ils sauront voir simple, faire vite, et

---

une allure un peu pompeuse; mais nous ne pouvons nous empêcher de faire cette remarque :

Ou bien les officiers de cet état-major sont entraînés à l'extérieur et capables de remplir des missions de reconnaissances, et alors ils seront utiles, ou bien ils seront par nécessité obligés de se confiner dans leurs bureaux, et il n'y aurait aucun inconvénient à les supprimer ou allégerait d'autant les quartiers généraux.

[1] Proposition déjà faite par M. le colonel Klein dans l'étude qu'il a consacrée à « l'Emploi tactique du génie ».

rendront aux autres armes des services qui ne laisseront plus la faculté à ceux qui, malheureusement pour le bien commun ont un peu tendance à en abuser, de les considérer uniquement comme « des fonctionnaires ».

Place du génie dans la colonne.

Les rédacteurs du *Journal des Sciences militaires* ont placé la compagnie du génie à l'avant-garde[1].

Nous ne partageons pas, pour notre part, leur façon de voir et nous croyons qu'ils se sont, sans autre raison, simplement conformés à l'usage établi. Dans une grosse colonne, corps d'armée ou division, on met invariablement une compagnie du génie à la tête d'avant-garde, c'est-à-dire avec un ou deux bataillons d'infanterie; dans une colonne d'importance moindre, telle que celle étudiée, on la met à l'avant-garde. Il n'y a là, semble-t-il, qu'un vieux souvenir de « l'ordre normal », fidèlement rappelé, du reste, par les éditions les plus récentes de l'aide-mémoire d'état-major.

Notre Règlement sur le Service des armées en campagne est moins formaliste, et dans la composition de l'avant-garde (art. 23) il se borne à prévoir « *un détachement du génie dont la composition est subordonnée à la nature et à l'importance des travaux à prévoir* ».

Dès lors la question se trouve nettement posée : Si le

---

[1] Ils ont adopté l'ordre de marche suivant :

Avant-garde.	1 peloton de cavalerie. Bataillon I/4. Compagnie du génie.
1,000 mètres.	
Gros........	Bataillon II, III/4. Groupe de batteries. Bataillon IV/4.

travail prévu est important, tel qu'un lancement de pont sur une rivière, l'échelonnement de l'avant-garde n'assurant pas le temps nécessaire à l'exécution, on constituera avec les éléments techniques (compagnie du génie, matériel) et les troupes de toutes armes chargées de protéger l'opération, un détachement, d'effectif variable suivant la situation tactique, formé assez tôt pour que le mouvement des colonnes ne soit pas retardé.

Si au contraire, c'est le cas présent, les travaux qui peuvent incomber aux sapeurs sont peu importants, il suffira d'adjoindre aux premières unités d'infanterie, ici à l'avant-garde, une section du génie. Les mesures que nous avons préconisées relativement à la reconnaissance du travail et à la réquisition du matériel permettront à cette section de les exécuter très rapidement.

L'inconvénient d'affecter inutilement aux petites avant-gardes, ou, ce qui revient au même, aux têtes des grosses avant-gardes, une forte proportion des troupes du génie (et pour elles la compagnie est un effectif important) apparaît manifestement.

La compagnie du génie peut se trouver englobée dans l'engagement de cette avant-garde ; dès lors elle est perdue pour sa mission spéciale, et, si elle n'est pas engagée, il y a grandes chances qu'elle ne soit plus, de la position où elle se trouve, en mesure de travailler pour le gros de la colonne.

Qu'il faille, au cours de la marche, renforcer la flanc-garde (bataillons du 3e régiment) engagée vers Quincey, pour s'opposer à un mouvement de l'ennemi débouchant en forces de Vesoul, on devra, au nord de la route suivie, s'engager dans un terrain difficile, dont le sol calcaire s'accidente de talus, d'entonnoirs ou bien, en d'autres endroits, est couvert de broussailles et de taillis. L'absence du génie, s'il est tout entier à l'avant-garde, sera certainement regrettée.

A vrai dire l'infanterie tant qu'elle ne rencontre pas

d'obstacles très sérieux tels qu'une rivière, peut progresser à peu près dans tous les terrains par ses propres moyens ; à travers champs, à travers bois, elle avancera plus ou moins vite, avec plus ou moins de peine, mais elle avancera. Il n'en est pas de même pour l'artillerie : les talus ou les fossés qui bordent sa route de marche, pour peu qu'ils aient quelque importance, l'empêcheront d'en sortir ; une haie, un buisson arrêteront son mouvement en terrain varié au cours des marches d'approche.

Obligée souvent de se mettre en batterie là où elle pourra, non là où elle voudra, il lui faudra encore compter avec le terrain, et il sera nécessaire tantôt de dégager les emplacements des pièces, tantôt d'assurer des communications visuelles pour la transmission des signaux du capitaine à sa batterie ou pour le pointage réciproque.

Aussi croyons-nous que le concours du génie sera plus précieux encore à l'artillerie qu'à l'infanterie; c'est une question intéressante, il nous semble, méritant d'être étudiée et mise en pratique par nos camarades de l'artillerie.

Pour rester dans le cadre modeste que nous avons envisagé pour cette étude, nous nous bornerons à conclure que la place normale du génie dans les colonnes, exception faite d'un détachement léger à l'avant-garde, est à côté de l'artillerie, et nous remarquerons en passant, que l'augmentation de notre artillerie ayant pour conséquence d'allonger ses colonnes, on aura des fusils au milieu d'une trop longue file de canons, et cela sans disloquer d'unités d'infanterie, en y plaçant une compagnie du génie.

Travaux exécutés pendant la marche.

Après avoir franchi la voie ferrée, l'avant-garde prend une formation ouverte pour parcourir le terrain exposé aux vues de la hauteur de la Motte.

La compagnie de tête échelonne ses sections en conservant comme axe de marche le chemin de terre de Colombe-lès-Vesoul.

La 2e compagnie se tient vers la gauche : elle longe d'abord la voie ferrée, puis utilise pour masquer son mouvement les boqueteaux qui descendent vers la Colombine ; la 3e compagnie à droite remonte le vallon de Villers-le-Sec, se défilant de la crête ; la 4e suit le même chemin.

On sait, par les renseignements de l'officier du génie en reconnaissance, que l'itinéraire des 3e et 4e compagnies permettra d'atteindre Colombe-lès-Vesoul à peu près à couvert, mais qu'il sera nécessaire de préparer dans des taillis et buissons peu épais des passages pour l'artillerie. La section du génie marchera donc avec la 3e compagnie, mettant au travail une escouade pour les débroussaillements. Quelques jalonneurs fournis par la 3e compagnie assureront la direction du gros sur la piste aménagée.

Arrivée à la Colombine, l'avant-garde marquera un temps d'arrêt, pendant que sa compagnie de tête gravira les pentes au nord de la rivière pour atteindre la route nationale. Le pont de Colombe-lès-Vesoul est évidemment suffisant pour elle ; mais, sa mission étant toujours de faciliter le débouché du gros, on demandera à la section du génie d'établir des passerelles ; les bois requis sont sur place, ce sera l'affaire de quelques minutes.

A notre avis la prévision doit aller plus loin encore, et à défaut d'autre initiative, nous pensons qu'il appartiendra au capitaine commandant le génie de la division, arrivé vraisemblablement à Colombe avec le général, de faire à celui-ci des propositions en vue de doubler le pont existant d'un autre passage pour les voitures. On va au combat, il est nécessaire d'assurer des communications avec l'arrière, tant pour la manœuvre, le mouvement des réserves, la retraite possible, que pour les ravitaillements et évacuations. C'est une question sur laquelle tout le monde est d'accord, et nous ne l'abordons ici, que pour préciser les conditions dans lesquelles elle doit se poser et, selon nous, être résolue. Ce n'est pas lorsqu'on aura dépassé l'obstacle, quand la bataille sera engagée et que le besoin du génie se fera sentir aux côtés des combattants, qu'on renverra des compagnies en arrière; c'est au cours même de la marche en avant qu'elles établiront ces communications. Nous pensons avoir montré qu'elles pouvaient y procéder facilement et très rapidement; ce n'est qu'une question d'organisation et de prévision.

Les communications avec l'arrière ne sont pas les seules auxquelles il faille penser. Les reconnaissances ont appris que le vallon de la fontaine du Frais-Puits ne peut être traversé, en raison de la pente abrupte des escarpements rocheux qui le bordent, qu'au Frais-Puits et à Quincey, le bataillon du 3e régiment arrivé à Quincey à 9 heures du matin n'a trouvé pour passer les deux bras de la Colombine, larges chacun en cet endroit de 4 mètres environ avec une profondeur de 1m,20, que de mauvaises planches jetées en travers. Il a bien pu établir quelques passages de fortune, mais ce ne sont là que des moyens assez précaires pour les deux autres bataillons du même régiment, et surtout tout à fait insuffisants pour les relations entre le 24e corps d'armée et le 25e qui va s'engager à sa gauche. Il ne faut pas en effet perdre de vue que sur une planche de 4 mètres de long où les hommes ne peuvent passer qu'un à un, la durée d'écoulement d'un bataillon est d'une heure.

Aussi la section du génie de l'avant-garde sera-t-elle, après avoir établi les passages de Colombe-lès-Vesoul, dirigée vers Quincey pour y faire le même travail. Arrivée à 8 h. 30, il lui aura suffi d'une demi-heure pour les passages de Colombe, car nous y revenons; elle aura dû trouver à pied d'œuvre tout le bois nécessaire, elle pourra donc être à Quincey vers 9 h. 30.

Les trois sections de la compagnie divisionnaire qui

marchent au gros de l'avant-garde principale continuent avec lui vers le bois de Frotey. On aurait pu, semble-t-il, gagner du temps, en envoyant une section du gros de la compagnie à Quincey, la section travaillant à Colombe ralliant, sa tâche terminée, le bois de Frotey. Nous ne pensons pas qu'il y aurait eu avantage à opérer de cette façon.

Les hommes travaillant à Colombe ont sous la main certains outils, ils auront besoin des mêmes à Quincey, les équipes resteront pour le deuxième travail qui est identique au premier, constituées de la même façon, enfin tandis qu'une partie de la section achèvera à Colombe le pont pour voitures, l'autre partie pourra, sans l'attendre, se mettre en route pour Quincey. Nous concluons donc qu'il y aura toujours intérêt à charger les mêmes unités des mêmes travaux.

Pour terminer cette étude du génie dans la marche, nous dirons quelques mots des voitures. Où marchent les voitures de sapeurs-mineurs de la compagnie divisionnaire ? Fallait-il en mettre une à la disposition de la section d'avant-garde ? Pourquoi faire ? Nous avons affecté une section seulement à l'avant-garde, parce que l'examen de la carte indiquait que les travaux incombant au génie seraient peu importants alors pourquoi embarrasser cette section d'une grosse voiture? Si l'on estime qu'elle aura besoin d'outils supplémentaires : serpes pour les débroussaillements, marteaux de charpentier, scies ou herminettes pour les passages, on lui en distribuera avant le départ. Ou bien les hommes les porteront à volonté, ou bien on les chargera sur une petite voiture légère de réquisition.

Nous n'entrerons pas dans le détail des opérations de la compagnie de corps affectée à l'avant-garde secondaire du corps d'armée (1 régiment de la 96e brigade, 2 batteries à cheval, 1 compagnie du génie de corps, 2 pelotons) car nous serions amené à y trouver les mêmes dispositions en ce qui concerne l'officier en reconnaissance, la répartition du génie dans la colonne, et les travaux exécutés.

MOUVEMENT DU GROS. — ENGAGEMENT ET RENFORCEMENT DES AVANT-GARDES. — ATTAQUE DE COLOMBIER.

Mouvement du gros. — Le 24e corps d'armée exécute son mouvement en deux colonnes.

A gauche, la 95e brigade avec l'artillerie, la compagnie du génie, 1 peloton de la 48e division passant par Neurey-lès-La-Demie, Villers-le-Sec (église), Essernay (ouest et nord), doit venir en réserve à la lisière sud du bois Camet et préparer son débouché en plusieurs colonnes vers la ferme Charmont.

A droite, 1 régiment de la 96e brigade, 9 batteries montées de corps et 1 peloton de la 48e division doivent, en suivant l'avant-garde secondaire par Filain, la ferme La Beaume, la ferme Gambey, Villers-le-Sec (partie est), Essernay (église), Dampvalley-lès-Colombe, gagner la ferme Charmont et s'y rassembler.

A la colonne de gauche, la mission du génie est bien nette : préparer le débouché des troupes qui la constituent vers la ferme Charmont. Aussi la compagnie du génie est-elle tout entière en tête de la colonne, de façon à pouvoir se mettre au travail le plus tôt possible. Le capitaine-commandant, qui n'a rien à faire avec sa troupe, la devance pour reconnaître le bois Camet, la Colombine à Dampvalley. Si la compagnie du génie de corps, marchant avec l'avant-garde secondaire, a opéré comme la compagnie de la 47e division marchant avec l'avant-garde principale, et a pris soin de préparer des passages à Dampvalley, la compagnie de la 48e division n'aura qu'à pratiquer des chemins de colonnes dans la partie orientale du bois Camet; leur emplacement sera arrêté par le capitaine du génie et l'officier d'état-major chargé de préparer le rassemblement. La bande boisée vers Dampvalley a une largeur de 200 mètres; comme elle est déjà traversée par le chemin de terre d'Essernay à Dampvalley, il suffira d'établir trois nouveaux chemins; avec trois sections, le travail sera terminé au bout d'une heure, et, le rassemblement devant se faire à partir de 9 heures du matin, le débouché de la 95e brigade sera assuré pour 10 heures[1].

La colonne de droite, qui comprend 9 batteries montées de l'artillerie de corps, n'a pas de compagnie du génie. Nous verrons par la suite qu'un groupe de cette artillerie sera d'abord appelé à renforcer l'avant-garde principale et se portera, à cet effet, dans le rentrant boisé de la cote 386, puis que les six autres batteries viendront avec l'artillerie de la 48e division prendre position sur la croupe qui descend du bois de Frotey vers Montcey. Comment se feront alors les communications dans cette masse d'artillerie, comprenant à l'ouest du bois de Frotey 6 batteries (3 de la 47e division et 3 de corps), à l'est de ce bois 14 batteries (6 de la 48e division et 8 de corps); comment s'y exercera le commandement, par quels itinéraires les ordres seront-ils transmis? Il faudra chaque fois contourner le bois de Frotey! Y a-t-il donc là deux actions distinctes, deux champs de bataille séparés, et l'artillerie est-elle donc condamnée à n'y faire aucun changement de position?

Nous sentons bien qu'il serait utile d'avoir du génie disponible pour pratiquer une coupure est-ouest dans le bois de Frotey, en arrière de la crête, et nous voyons

---

[1] On admet généralement qu'un atelier de 5 hommes dans un bois de taillis, comme le bois Camet, déblaye 10 mètres carrés en un quart d'heure; la section de 50 hommes déblayera donc 400 mètres en une heure, c'est-à-dire qu'elle pratiquera dans ce temps un chemin de colonnes de 200 mètres de long sur 2 mètres de large. C'est justement la tâche qui lui sera donnée dans ce cas particulier.

encore un cas où les sapeurs auront plus particulièrement à travailler pour l'artillerie.

Nous aurions néanmoins mauvaise grâce à tirer pa ti de cette situation pour conclure à l'insuffisance de trois compagnies du génie dans le corps d'armée, si la question n'était déjà posée, et si l'on n'avait déjà proposé de porter le bataillon à quatre compagnies sur le pied de guerre à l'aide d'une compagnie de réserve ou de dédoublement. L'intérêt que présente cette mesure est indiscutable, mais les avis restent partagés sur son application. Les uns ont demandé l'endivisionnement des compagnies deux par deux, ce qui permettrait de placer les deux compagnies d'une division sous les ordres d'un chef de bataillon, véritable commandant du génie de la division; les autres sont partisans, au contraire, de faire du bataillon à quatre compagnies un organe de corps d'armée au détriment des divisions. Nous ne voudrions pas plaider le viel adage : *In medio stat virtus*, et cependant... examinons la question de près.

La division doit-elle comprendre des troupes du génie?

Évidemment oui, à notre sens, puisqu'elle est organiquement constituée de troupes de toutes armes de façon à pouvoir se suffire à elle-même. L'en priver, c'est aller à l'encontre du principe de liaison des armes que nous essayons d'étendre au génie, c'est nier sa valeur en tant que quatrième arme.

De plus, si les compagnies du génie restent un organe de corps d'armée, il faudra presque chaque jour régler leurs mouvements suivant la situation et la mission de chaque division; c'est une complication apportée à la rédaction des ordres, c'est surtout un supplément de fatigue réservé à ces compagnies ayant souvent à faire une dizaine de kilomètres en plus de l'étape journalière pour rejoindre la colonne avec laquelle elles devront marcher.

Le génie, organe de corps d'armée, ne se conçoit bien

que dans l'organisation des positions défensives. Là, le commandant de corps d'armée fixe la répartition de ses troupes suivant une idée arrêtée, il a choisi lui-même le terrain où il veut se battre; il le connaît et se trouve parfaitement en mesure de savoir quels seront les besoins de ses divers groupements en troupe du génie. Mais, après y avoir réfléchi, c'est le seul cas où nous trouvons un avantage à cette organisation et nous restons partisan de l'affectation d'une unité du génie aux divisions.

Maintenant, voyons l'autre côté de la question.

Faut-il du génie de corps d'armée? Mais certes oui.

Jamais les deux divisions d'un corps d'armée ne seront engagées de la même manière; rarement elles auront des missions analogues, et, en supposant encore que le corps d'armée encadré combatte avec ses deux divisions accolées, bien rarement celles-ci opéreront dans des zones du terrain présentant les mêmes difficultés, les mêmes obstacles. Il en résulte que le commandant du corps d'armée, devra pouvoir, d'après la répartition du terrain entre ses divisions et les missions qui leur sont assignées, prêter, suivant le besoin, à l'une d'elles ou à l'autre le concours de son génie tout comme celui de son artillerie de corps d'armée, et, pour que son action soit réellement efficace, c'est lui qui disposera de la plus forte proportion des troupes du génie.

Ainsi 1 bataillon à 3 compagnies en temps de paix, à 4 en temps de guerre, fournissant 2 compagnies divisionnaires et 2 compagnies de corps[1]. Les compagnies divisionnaires auront deux capitaines, dont l'un remplira auprès du général de division le rôle de commandant du génie. Pour les compagnies de corps le capitaine en second qui existe actuellement est beaucoup moins nécessaire, puisque le général commandant le corps d'armée

[1] Il s'agit bien entendu du corps d'armée à 2 divisions; avec 3 divisions on aurait 4 compagnies en temps de paix, 5 en temps de guerre.

a près de lui un état-major du génie et un chef de bataillon.

Engagement des avant-gardes. — A 10 heures du matin la situation est la suivante au 24e corps[1] :

« Les fractions les plus avancées de l'avant-garde principale ont refoulé au delà du Durgon des patrouilles de fantassins ennemis et engagé un feu assez violent avec les garnisons de Vesoul et de Coulevon ; en fait d'artillerie, il semble que deux batteries au maximum aient tenté de tirer sur les fractions amies apparaissant soit aux abords de Frotey, soit sur les pentes de l'ancien camp romain (cote 349), l'une de ces batteries paraît installée au nord-est du cimetière des Juifs, l'autre au mamelon des Rèpes.

« Plus au Nord, le bataillon de gauche de l'avant-garde secondaire a rejeté sur Comberjon quelques patrouilles d'infanterie. Colombier est occupé par une garnison dont il est impossible d'évaluer la force. Montcey a été pris sans coup férir. En voulant reconnaître sur Saulx-de-Vesoul, le régiment de cavalerie a vu ses patrouilles ramenées par des fractions adverses paraissant appartenir à une masse importante d'escadrons couvrant vers le Sud le détachement ennemi de Saulx-de-Vesoul. Il s'est lié, d'autre part, à la flanc-garde d'armée, laquelle annonce son arrivée à Calmoutier pour midi, mais demande qu'on couvre son débouché en ce point. »

Le général commandant le 24e corps, après avoir parcouru les hauteurs de la rive gauche du Durgeon[2] et pris

---

[1] Solution du thème n° 4.

[2] Le Durgeon est un obstacle véritable, largeur moyenne 3 mètres, profondeur variable de $0^{m},80$ à $2^{m},50$; il existe un gué marqué sur la carte à 1/80,000e en aval de Colombier et un autre dans le village près du pont le plus à l'Est. Vers Coulevon et Comberjon le Durgeon ne peut être franchi que sur les ponts existants.

connaissance des renseignements recueillis par l'officier de l'état-major du génie détaché auprès du régiment de cavalerie, donne l'ordre suivant :

« L'avant-garde principale s'engagera immédiatement sur le front Frotey-Comberjon, ce dernier village exclu.

« Elle portera son principal effort sur Coulevon et le moulin de Coulevon.

« Un groupe de l'artillerie de corps (rassemblé à la ferme Charmont) est mis à sa disposition.

« L'avant-garde secondaire occupera solidement Comberjon et, le cas échéant, couvrira la droite de la 47e division de concert avec le régiment de cavalerie. »

Engagement de l'avant-garde principale. — A 10 heures du matin la situation est la suivante :

Le 3e régiment a 2 bataillons vers Frotey, dont un occupe le village, ses deux autres bataillons achèvent de traverser la Colombine au moulin de Chandenois et se reforment dans le vallon entre 278 et 286.

Le 4e régiment a 1 bataillon à l'ancien camp romain et un bataillon au bois Carré au sud-est de Coulevon, ces deux bataillons ont des éléments avancés engagés sur la rivière ; 2 bataillons sont rassemblés à la lisière ouest du bois de Frotey avec trois sections de la compagnie du génie, la 4e est détachée à Quincey pour la construction de passages ; elle a ordre, ce travail terminé, de rejoindre au bois de Frotey. Le groupe d'artillerie est rassemblé sur la route nationale entre 278 et 280.

Le commandant de la compagnie du génie divisionnaire a accompagné le général de division dans sa reconnaissance dont les points suivants sont à retenir :

Le bois Carré au sud-est de Coulevon (prolongement du bois de Frotey) est en jeune taillis ; on y circule facilement ; de sa lisière on n'a aucune vue sur le fond de la vallée. La forme arrondie du versant, où l'on ne trouve pas de crête militaire, fait qu'une partie du terrain reste toujours en angle mort pour un observateur qui se déplace suivant une ligne de plus grande pente[1].

On peut gagner à couvert le bois qui s'étend à l'est de Coulevon, le long de la route nationale; ce bois ne peut être traversé en dehors du chemin existant.

En exécution des prescriptions de l'ordre reçu verbalement du commandant de corps d'armée, le commandant de l'avant-garde donne de son côté l'ordre suivant :

Ordre d'engagement de l'avant-garde[2].

Ancien camp romain (349), 5 août, 10 heures matin.

« 1. L'avant-garde va s'engager entre Frotey et Comberjon, ce dernier village sera tenu par le 7e régiment (avant-garde secondaire).

« 2. Le colonel du 3e régiment, avec 2 bataillons, se maintiendra à Frotey et conservera la liaison avec le 25e corps; les deux autres bataillons du 3e régiment

---

[1] Nous signalerons ici l'intérêt que présentent dans une situation défensive les positions occupées au fond des vallées.

L'infanferie y craint peu le feu de l'artillerie adverse obligée pour éviter les angles morts de se porter à découvert en avant des crêtes. L'obstacle qui couvre le front permet de réserver pour la manœuvre des effectifs plus élevés.

Le reproche qu'on leur fait est d'obliger les renforts qui se portent sur la chaîne ou les éléments de la première ligne qui se replient, à parcourir un terrain exposé aux vues de l'ennemi. Mais ce reproche nous paraît plus théorique que réel, car les vallons secondaires qui débouchent dans la vallée, les boqueteaux et les villages qui s'échelonnent sur les pentes permettent dans une certaine mesure les mouvements à couvert. Dans presque tous les terrains jurassiques la crête militaire n'existe pas, en se tenant vers le haut des pentes on se trouve exposé au tir de l'artillerie adverse en position masquée, et l'on a devant soi toute une partie du terrain en angle mort. Restent alors la contre-pente ou la position de fond... Mais nous ne voulons traiter que du mouvement en avant.

[2] Solution du thème n° 4.

viendront en réserve de l'avant-garde, à la lisière ouest du bois de Frotey.

« 3. Le bataillon du Camp romain (4e régiment) s'opposera à toute tentative de l'ennemi pour escalader les pentes comprises entre Frotey et Coulevon. Avec ses trois autres bataillons, le colonel du 4e régiment attaquera Coulevon et le moulin de Coulevon qu'il s'efforcera de gagner par l'amont.

« 4. L'artillerie s'établira : 1 groupe au Camp romain (A D), 1 groupe à la cote 386 (A C) ; elle préparera et appuiera l'attaque de Coulevon.

« 5. La compagnie du génie.....? »

Quel ordre convient-il de donner à la compagnie du génie, à quoi faut-il l'employer?

Va-t-on lui prescrire d'organiser un point d'appui, le bois Carré au sud-est de Coulevon, par exemple? Mais alors ce point d'appui doit être occupé par de l'infanterie, et c'est à la disposition du commandant de cette infanterie qu'il faut la mettre. C'est une idée sur laquelle nous revenons, car nous sommes ici en contradiction formelle avec les rédacteurs du *Journal des Sciences militaires*, qui ont prescrit à la compagnie du génie l'organisation d'un point d'appui pour un bataillon. Lequel? et que veut le chef de ce bataillon? C'est ce qu'il faudrait d'abord préciser.

D'ailleurs, et nous en demandons pardon à nos camarades, nous continuerons à être en désaccord avec eux. D'après ce que nous avons dit précédemment du terrain, les points d'appui organisés sur les pentes au sud-est de Coulevon ne peuvent pas avoir une grande valeur; mais en serait-il autrement, les sapeurs auraient encore mieux à faire, à notre avis. De quoi s'agit-il? D'attaquer Coulevon en s'efforçant de le déborder par l'amont.

La troupe chargée de l'attaque a-t-elle besoin du génie? Certes oui.

a) Le bois qui s'allonge au bord de la route nationale, entre Coulevon et Comberjon, est le dernier couvert d'où débouchera une partie, la plus importante, des troupes chargées de l'attaque ; or nous savons, par la reconnaissance du capitaine du génie, que ce bois de taillis touffus n'est pas praticable à l'infanterie. Si l'on veut y rassembler du monde et l'en faire déboucher, il y a du travail à donner aux sapeurs.

b) Le Durgeon n'est franchissable qu'aux ponts[1], et c'est vraisemblablement à ces ponts que la défense sera la plus forte ; alors où le passera-t-on ? Tout près de Coulevon, plus en amont, mais on n'en sait rien, et l'on ne peut dire qu'une chose : le passage se fera là où l'infanterie progressera et où l'on pourra jeter des passerelles, à la condition toutefois qu'on en ait préparé.

Ainsi le colonel chargé de conduire l'attaque de Coulevon a besoin du génie ; eh bien ! qu'on le lui donne, comme on lui a donné trois bataillons. Il a une mission, les moyens de la remplir, l'exécution le regarde.

La compagnie du génie de la 47e division sera donc mise à la disposition du colonel commandant le 4e régiment.

Les trois sections disponibles, rassemblées à l'ouest du bois de Frotey, seront employées au travail le plus urgent, c'est-à-dire à assurer le mouvement des troupes de l'attaque dans le bois à l'est de Coulevon et leur débouché de la lisière, ce qui comportera l'établissement :

1° De sentiers pour l'infanterie dans le sens de la marche (perpendiculaire à la route) ;

2° D'une coupure en arrière de la lisière nord-ouest (parallèle à la route).

---

[1] Voir précédemment les résultats de la reconnaissance de l'officier de l'état-major du génie du corps d'armée.

On attendra évidemment, pour mettre les sapeurs en chantier, que les premières fractions d'infanterie soient parvenues à la lisière nord-ouest du bois (parallèle à la route).

Quant à la section détachée à Quincey, elle sera chargée, lorsqu'elle aura rejoint, de préparer des passerelles pour le franchissement du ruisseau[1].

Il sera toutefois prudent de prévenir le chef de cette section de ce qu'on lui demandera au retour; il pourra de cette manière, avant de quitter le village, prendre les dispositions qu'il jugera convenables. Par exemple, s'il lui reste à Quincey des bois de dimensions suffisantes pour constituer par eux-mêmes une passerelle, il aura tout bénéfice à les charger sur une voiture et à les emmener avec lui.

Conclusion : Le paragraphe de l'ordre de l'avant-garde relatif à la compagnie du génie pouvait être rédigé ainsi :

« La compagnie du génie est mise à la disposition du colonel commandant le 4e régiment qui fera parvenir ses instructions à la section détachée à Quincey ». Cela implique évidemment, que le colonel commandant le 4e régiment a la notion très simple, nous venons de le voir, de ce qu'il demandera aux sapeurs.

Tout ceci n'est d'ailleurs que l'application rationnelle des prescriptions du décret du 7 août 1905 rappelées au commencement de cette étude. Les troupes du génie dans les mouvements, les attaques, tout comme dans les organisations défensives, doivent être mises à la disposition des commandants d'unités qui en ont besoin, d'après la mission qui leur incombe et les travaux spéciaux que cette mission comporte.

---

[1] Cette section est arrivée à Quincey vers 9 h. 30, elle sera de retour au bois Frotey vers 11 heures; l'attaque de Coulevon ne sera pas poussée énergiquement avant ce moment; car le groupe d'artillerie de corps atteindra seulement alors la cote 386.

Engagement de l'avant-garde secondaire[1]. — Cette avant-garde à comme mission d'occuper Comberjon et de couvrir la droite de la 47e division. A cet effet, le général commandant la 96e brigade a dirigé 1 bataillon sur Montcey, enlevé sans coup férir, 2 bataillons sur Comberjon, le 4e restant en réserve. Le groupe à cheval s'est établi à la lisière du boqueteau à 1 kilomètre sud-ouest de Montcey. Qu'a-t-on fait de la compagnie du génie de corps ?

Le bataillon entré dans Montcey s'y maintient pour couvrir la droite de la 47e division et procède, dans ce but, à l'organisation défensive du village. Faut-il adjoindre une fraction de la compagnie du génie, une section par exemple, à ce bataillon ?

La chose est discutable ; cependant, en raison de la situation générale et de l'intérêt secondaire que présente Montcey pour le moment, nous n'en sommes pas personnellement partisan.

Le rôle de l'avant-garde est d'accrocher l'ennemi sur le front en lui immobilisant le plus de monde possible ; son objectif, c'est Comberjon, et pour s'y établir il faut faire travailler le génie dans les bois. Là encore nous sommes d'avis de donner la compagnie du génie au colonel chargé d'attaquer Comberjon avec deux bataillons.

Remarquons, en outre, que l'occupation de Montcey par l'avant-garde est provisoire ; pour laisser à cette avant-garde toute sa capacité offensive, on devra lui rendre, le plus tôt possible, le bataillon de Montcey relevé par un bataillon du gros. A ce moment, si les affaires vont mal du côté de la flanc-garde et si l'on juge utile de faire procéder à une organisation plus sérieuse

---

[1] 1 régiment de la 96e brigade, 2 batteries à cheval, la compagnie du génie de corps et 2 pelotons sous les ordres du général commandant la 96e brigade.

du village, on pourra employer à cette organisation des sapeurs pris, eux aussi, sur les compagnies du gros et non sur celles des avant-gardes.

Renforcement des avant-gardes et développement du combat de front. — « A midi, l'engagement de l'avant-garde principale a montré que l'ennemi était solidement organisé à Vesoul et Coulevon ; il a fait sortir de Colombier, dans la direction du Sud, en vue d'enrayer l'attaque en voie d'exécution sur Coulevon, une infanterie assez nombreuse (3 à 4 bataillons).

« L'artillerie établie au cimetière des Juifs et aux Rêpes ne s'est pas accrue, mais plusieurs batteries se sont avancées jusqu'à la croupe 306-Coulevon après avoir dominé l'artillerie de l'avant-garde.

« A midi, également, la flanc-garde d'armée commence à déboucher de Calmoutier.

« C'est dans ces conditions que le général commandant le corps d'armée donne l'ordre suivant :

Plateau 386 (2 kilom. est de Coulevon), 5 août, midi.

« 1. L'ennemi tient solidement le front Vesoul, Coulevon, Colombier. L'avant-garde principale est engagée entre Frotey et Comberjon exclu ; l'avant-garde secondaire combat à Comberjon et au nord-est de cette localité, elle a un détachement à Montcey. Notre flanc-garde d'armée débouche de Calmoutier vers Saulx-de-Vesoul.

« 2. En vue de prolonger l'attaque des avant-gardes jusqu'à Colombier et de s'emparer de ce village, l'avant-garde secondaire sera renforcée par la réserve de la ferme Charmont (1 régiment, 6 batteries). D'autre part, les 6 batteries de la réserve d'Essernay viendront également appuyer cette attaque dont le général commandant la 48e division aura la direction. Le régiment de cavalerie est mis à sa disposition.

« 3. La réserve d'Essernay (2 régiments et 1 compagnie du génie) viendra par tous les itinéraires (existants ou créés par elle) au sud-est de la ferme Charmont où elle se rassemblera et formera réserve générale. Elle devra pouvoir se porter massée, soit dans la région entre Comberjon et Montcey, soit aux abords du bois de Mont-Aubry[1]. »

La compagnie du génie de la 47e division et la compagnie de corps sont employées, comme nous l'avons vu, à pratiquer des communications dans la bande boisée qui s'étend, le long de la route nationale, de part et d'autre de Comberjon, facilitant ainsi le mouvement des unités qui vont combattre de front; en outre, elles préparent des moyens de passage pour franchir le Durgeon.

Ces travaux terminés que feront-elles?

De la lisière des bois, l'infanterie gagnera la route, de la route elle s'avancera vers la rivière, etc... Dans chacun de ces bonds, le génie l'accompagnera et l'aidera.

Les pentes qui descendent sur la route sont très raides, en certains endroits le roc est à pic, aussi, dès que les premiers éléments d'infanterie auront atteint la route, les sapeurs seront-ils chargés d'améliorer les passages reconnus, de rendre le terrain plus praticable aux fractions restées en arrière.

Après la route on rencontrera la rivière, après la rivière la voie ferrée[2]; dans la traversée de chacun de ces obstacles le génie apportera son concours à l'infanterie, à l'artillerie aussi, lorsque le développement général de l'action amènera cette dernière à faire un bond en avant.

Pour que les troupes du génie puissent être employées selon cette conception, il faut avoir soin de ne mettre en chantier, à chaque occasion, que le nombre d'hommes

---

[1] Solution du thème n° 4.

[2] La voie ferrée est ici en tranchée profonde.

strictement nécessaires, tandis que les autres, abrités et au repos, se tiendront prêts à fournir un nouvel effort.

Ainsi, pour améliorer les cheminements allant de la lisière des bois à la route, il suffira d'une ou deux sections par compagnie, pour établir les passages sur la rivière, une section ou une demi-section ; de sorte qu'on pourra organiser un véritable roulement entre les sections, se remplaçant à tour de rôle à chacune des phases du mouvement. L'économie des forces, sagement pratiquée, permettra de compter encore sur un bon rendement, lorsqu'à un moment donné il faudra, la besogne étant plus rude, mettre tout le monde à l'ouvrage.

A midi le débouché de la réserve d'Essernay vers la ferme Charmont est assuré par les travaux[1] de la compagnie du génie de la 48e division (chemins de colonnes dans la partie orientale du bois Camet), et ceux de la compagnie du génie de corps (passages établis à Dampvalley pendant la marche de l'avant-garde secondaire).

L'ordre qu'elle reçoit vers midi et quart lui prescrit de venir se rassembler au sud-est de la ferme Charmont et de préparer son mouvement en formation massée, soit vers le bois de Mont-Aubry, soit vers la région entre Comberjon et Montcey.

Pour gagner le bois de Mont-Aubry, aucune difficulté; mais pour aborder la région entre Comberjon et Montcey il faut passer soit par Montcey, soit par le bois de Frotey, car on ne peut songer à traverser la croupe au sud-ouest de Montcey, sur laquelle 12 batteries[2] sont en action, occupant un front de 1,500 mètres environ.

Pour aller à Montcey, on fera le tour par le bois de

---

[1] Nous avons vu que ces travaux ont demandé une heure environ, ce qui aura permis de donner à la compagnie de la 48e division un repos de près de deux heures avant de l'utiliser à nouveau.

[2] 6 batteries de la 48e division et 6 batteries de corps.

Mont-Aubry[1]; il n'y aura donc pas de ce côté de communications à prévoir.

Au bois de Frotey, c'est tout différent, sa lisière nord-est étant exposée aux coups d'enfilade de l'artillerie ennemie, il faudra progresser dans le taillis, et l'on va de nouveau demander à la compagnie du génie de la 48e division de créer des chemins de colonnes : ceux-ci, destinés à l'infanterie seulement, pourront se réduire à de simples layons de $0^m,75$ de largeur.

Il s'agit de relier la lisière sud-est du bois de Frotey aux chemins existants dans la partie de ce bois descendant vers Comberjon, partie où la compagnie du génie de corps a déjà opéré pour le compte de l'avant-garde secondaire. La largeur à traverser est de 800 à 1,000 mètres ; en deux heures on pourra pratiquer quatre chemins, une section travaillant à chacun d'eux.

Nous remarquerons à ce propos, qu'une seconde compagnie de corps trouverait ici son emploi[2] ; à défaut d'elle, le commandant du génie du corps d'armée, auquel il appartient de régler et de coordonner les travaux des unités sous ses ordres, devra se préoccuper des conditions dans lesquelles la compagnie affectée à la 96e brigade peut venir en aide à la compagnie de la 48e division. Si la 96e brigade est immobilisée dans le combat de front, s'il est à prévoir qu'elle n'aura pas besoin de tous ses sapeurs pendant un temps assez long, il est inutile de les lui laisser.

Les travaux dont le génie peut être chargé résultent de prévisions, quand ces prévisions ne se réaliseront pas, il faudra souvent abandonner l'ouvrage commencé, si

---

[1] En passant au nord du bois de Montcey, on devrait défiler à 600 ou 700 mètres de la position d'artillerie.

[2] Nous avons déjà fait ressortir l'utilité dans le bois de Frotey d'une communication parallèle à la crête et en arrière de celle-ci pour la transmission des ordres, les mouvements de l'artillerie, etc.

pénible que cela soit; les hommes devront y être préparés. Pour faire des chemins de colonnes, des passages de rivières, il nous faut du temps; afin de ne pas être pris au dépourvu et d'avoir la certitude que les autres armes ne seront pas dans l'embarras par notre faute, nous devrons préparer, en vue des éventualités diverses qui peuvent se présenter, bien des choses qui resteront inutilisées. Le développement du thème nous en fournit ici l'exemple.

Attaque de Colombier. — A 5 heures du soir le 24e corps se trouve dans la situation suivante[1] :

La 94e brigade (avant-garde principale) a un régiment engagé devant Vesoul[2], l'autre devant Coulevon.

La 96e brigade combat à Combrejon et devant Colombier, parallèlement à la voie ferrée.

La 95e brigade, que nous avions laissée rassemblée au sud-est de la ferme Charmont, est venue en réserve à 1,000 mètres à l'est de Montcey; elle n'a donc pas eu à se servir des chemins de colonnes pratiqués dans le bois de Frotey.

L'ennemi tient solidement Vesoul, Coulevon et Colombier : il a 12 batteries sur la croupe entre Colombier et Coulevon, 3 batteries au mamelon les Rèpes (cote 261), 3 batteries sur la hauteur du champ de manœuvres; ses réserves sont invisibles. Les batteries du bois de Frotey (1 groupe de A C) et de l'ancien Camp romain (1 groupe de A D 47) ont un avantage marqué sur les batteries des Rèpes et du champ de manœuvres; d'autre part, les batteries au sud-ouest de Montcey (6 batteries de corps et 6 de A D 48) aidées par les deux batteries à cheval éta-

---

[1] Solution du thème n° 5.

[2] Un régiment formait l'avant-garde secondaire; l'autre, d'abord en réserve à la ferme Charmont, est venu le renforcer.

blies au château de Montaigu, ont réduit au silence, momentanément, les 12 batteries qui leur faisaient face. Dans ces conditions, le commandant du 24e corps se décide à lancer un régiment de sa réserve générale à l'attaque de Colombier, et donne l'ordre suivant :

Montcey, 5 août, 5 heures soir.

« Le général commandant la 95e brigade, avec un régiment de la réserve générale et l'appui de toute l'artillerie réunie au nord du bois de Frotey, attaquera Colombier par le sud-est et par l'est en débouchant de part et d'autre de la hauteur de Montaigu.

« Le 2e régiment de la réserve générale viendra dans le même temps à l'est de ladite hauteur (342)[1]..... »

L'exécution de l'attaque est traitée dans le numéro du *Journal des Sciences militaires* auquel nous renvoyons : c'est une question de tactique générale qui n'est point du cadre de cette étude. Toutefois, nous demanderons aux rédacteurs la permission d'observer qu'ils ont, sans doute par habitude, oublié la compagnie du génie de la 48e division en réserve avec la 95e brigade.

Au moment où la 95e brigade était appelée à l'est de Montcey, les chemins de colonnes dans le bois de Frotey n'avaient plus d'intérêt, et la compagnie du génie abandonnant ce travail devait, elle aussi, gagner Montcey. En supposant, qu'en raison de l'heure à laquelle le mouvement sur Montcey s'est effectué, cette compagnie ait eu le temps de terminer les chemins de colonnes du bois de Frotey, elle n'aurait cependant travaillé, en plus de l'étape[2] que trois heures, et serait encore capable d'un effort.

---

[1] Solution du thème n° 5.

[2] 20 kilomètres environ d'Echenoz-le-Sec à Montcey.

De quelle nature aurait-il été ? Il suffit, pour s'en rendre compte, d'examiner les directions dans lesquelles on pouvait continuer le mouvement à partir de Montcey. Vers Colombier le terrain ne présente pas d'obstacles; vers Colombotte c'est la même chose; vers le Château de Montaigu, au contraire, on sera amené à traverser l'extrémité du bois du Signal de Chauronde. Aussi, dès l'arrivée à Montcey, a-t-on envoyé des travailleurs dans ce bois, et comme il faut penser également au passage du Durgeon, on a fait d'autre part réquisitionner à Montcey les matériaux permettant la construction rapide de passerelles. Si à 5 heures, lorsqu'elle reçoit l'ordre précédemment cité, la 95e brigade est seulement à Moncey depuis une heure, son mouvement vers Montaigu est préparé.

A notre avis, et en cela nous ne ferons que répéter ce que nous avons dit pour l'attaque de Coulevon, il faut que l'aide prêtée par le génie à l'infanterie soit plus complète. Le régiment chargé de l'attaque de Colombier a devant lui des obstacles : la voie ferrée, la rivière. Le génie a déjà pris, nous venons de le voir, des dispositions en conséquence; eh bien! qu'on l'adjoigne comme devant Coulevon au régiment chargé de l'attaque.

CHAPITRE IV

Le génie au 26e corps.

Dans la nuit du 4 au 5 août, le stationnement du 26e corps est le suivant[1].

Quartier général : Raze.

L'avant-garde : (101e brigade, 3 batteries, 1 compagnie du génie, 1 escadron de la 51e division) est à Boursières, Mont-le-Vernois, Clans, Velle-le-Chatel, couverte par des avant-postes entre Chariez et Pontcey.

La 102e brigade avec *3 batteries de la 51e division* est à Baignes et Rosey.

La 52e division, l'artillerie et la compagnie du génie de corps, sont cantonnées ou bivouaquées à Raze, Vallerois-lès-Raze, Vy-le-Ferroux, Noidans-le-Ferroux et au sud-ouest de cette dernière localité.

La 26e brigade de cavalerie est à Aroz et Traves, se liant avec la 9e division de la même arme qui occupe Combeaufontaine.

L'équipage de pont, qui se trouvait, la veille au soir, à La Chapelle-Saint-Quillain, a reçu l'ordre, à 8 heures du matin, de rejoindre son corps d'armée.

En exécution des prescriptions de l'ordre de l'armée le commandant du 26e corps a donné l'ordre suivant :

---

[1] Solution du thème n° 6.

Ordre d'opérations du 26e corps d'armée pour la journée du 5 août[1].

Raze, 4 août ... heures soir.

« 1. L'armée de l'Est attaquera, demain, à partir de 11 heures du matin sur le front : Montigny-lès-Vesoul, Vesoul, Colombier.

« Une division du 26e corps (51e) est chargée de l'attaque sur Montigny-lès-Vesoul; le reste du corps d'armée se rassemblera, au Nord et non loin de Noidans-le-Ferroux, en réserve d'armée.

« 2. *La 51e division* prendra ses dispositions pour attaquer, à partir de 11 heures, en appuyant sa droite à la Baignotte (ruisseau de Boursières) prolongée par le Durgeon. Elle fera son principal effort par Pontcey et disposera de la compagnie du génie de corps.

« La gauche du 25e corps sera aux abords de Chariez.

« 3. *La 52e division* se trouvera rassemblée pour 11 heures du matin, face au Nord-Est, savoir :

« Une brigade, artillerie et génie divisionnaires,	Au sud de Vy-le-Ferroux, en situation de se diriger rapidement, soit vers Raze, soit sur Vy-le-Ferroux.
« Une brigade..	Au nord de Noidans-le-Ferroux, en situation de marcher à volonté, sur Raze, Vy-le-Ferroux ou Cubry-lès-Soing.

« 4. *L'artillerie de corps* suivra les troupes de Noidans; elle ira ensuite se former, entre les deux bri-

---

[1] Solution du thème n° 6.

gades de la 52e division, dans le vallon conduisant de Noidans à Vy-le-Ferroux.

« *La compagnie du génie de corps* arrivera à Boursières à 10 heures du matin où elle sera mise à la disposition du général commandant la 51e division.

« 5. *La 26e brigade de cavalerie* sera, pour 11 heures du matin, rassemblée au nord de Vy-le-Ferroux; elle continuera à tenir Aroz, Bucey-les-Traves et Ovanches.

« 6. Le général commandant la 52e division prendra le commandement de la réserve d'armée; il donnera des ordres pour la couverture du rassemblement.

« Le commandant du 26e corps se tiendra, vers 11 heures du matin, sur la hauteur 267 entre Aroz et Boursières. »

OPÉRATIONS DE LA 51e DIVISION.

L'ordre donné par le commandant de la 51e division en conséquence de l'ordre précédent du corps d'armée pourrait être le suivant[1] :

Ordre d'opérations de la 51e division pour la journée du 5 août.

Velle-le-Chatel, le...

1) Renseignements sur l'ennemi et la mission de la division.

2) *La 101e brigade*, franchissant à 11 heures du matin

[1] Cette question n'est pas traitée dans le *Journal des Sciences militaires;* nous l'étudions néanmoins parce qu'elle nous fournit une situation intéressante en ce qui concerne l'emploi des troupes du génie. Dans cette étude nous supposons que les avant-postes établis à Pontcey, le bois La Cour, Chariez, ont rejeté, le 4 août au soir, les fractions avancées de l'ennemi sur la rive droite du Durgeon.

la ligne des avant-postes, prendra comme premiers objectifs le bois de la grande Rèpe et le bois de Fenussel; comme objectifs ultérieurs, Montigny-lès-Vesoul et la croupe 282-238, au nord-ouest de Montigny. Elle fera son effort principal par Pontcey et se reliera avec le 25e corps vers Chariez. *La compagnie du génie de corps*, rendue à 10 heures à Boursières, est mise à sa disposition.

3) *La 102e brigade* sera rassemblée à 11 heures du matin à la lisière sud-est du bois des Minières, couvrant la gauche de la division dans la direction de Scey-sur-Saône. Elle se tiendra prête à appuyer par Pontcey ou Chemilly le mouvement de la 101e brigade.

4) *L'artillerie divisionnaire* sera rassemblée à la même heure vers Pierre-Percée (1 kilom E. d'Aroz) prête à appuyer, de la cote 267, les attaques de la 101e brigade.

En vue de préparer l'occupation éventuelle d'une position de batteries à la lisière orientale du bois des Rompeux, la compagnie divisionnaire du génie est mise à la disposition du colonel commandant l'artillerie divisionnaire; ce travail terminé la compagnie du génie rejoindra la 102e brigade.

5) *L'escadron divisionnaire*, ayant son gros vers Pontcey, éclairera vers Scey-sur-Saône et Chemilly; il franchira le Durgeon derrière les avant-gardes de la 101e brigade et reconnaîtra sur Montigny-lès-Vesoul et Scye.

6) *Poste de commandement:* Aroz à partir de 11 heures du matin.

A la 101e brigade les dispositions prises en conséquence de cet ordre sont les suivantes :

Le régiment n° 1 qui a fourni les avant-postes (2 bataillons) attaquera avec ses deux bataillons disponibles le bois de la grande Rèpe, puis Montigny-lès-Vesoul; une compagnie assurera sur la rive droite de la Baignotte la liaison avec le 25e corps. Les deux bataillons d'avant-postes viendront, après avoir été dépassés par les premières troupes de l'attaque, se rassembler en réserve de la brigade à la lisière sud du bois La Cour.

Le régiment n° 2 débouchant de Pontcey et de la corne est du bois des Rompeux attaquera le bois de Fenussel.

Quel va être, dans ces conditions, le rôle de la compagnie du génie de corps mise à la disposition de la 101e brigade?

1° Assurer les communications avec le 25e corps. La Baignotte a une largeur de 2 à 3 mètres, une profondeur de 0m,80 à 1m,30, il sera utile d'avoir des passages à hauteur du bois La Cour; nous savons qu'on en fera très facilement en ayant la précaution de prendre à Boursières le matériel nécessaire.

2° Faciliter dans la partie est du bois des Rompeux le mouvement des unités du régiment n° 2 qui progresseront par ce couvert.

3° Assurer aux deux régiments le passage du Durgeon, dont la largeur en cet endroit est de 7 à 9 mètres, la profondeur de 1m,50 à 3 mètres. Au moulin du gué on mesure 0m,60 d'eau; au moulin du Foultot il n'y a pas de pont; à la petite Rèpe existe un mauvais passage que l'ennemi aurait vraisemblablement détruit.

On ne trouve au bord de la rivière que des arbres trop petits pour qu'on puisse les jeter en travers, mais seraient-ils de dimensions suffisantes que ce procédé resterait encore incertain. Il faudrait, en effet: abattre les arbres sous le feu de l'ennemi, prendre des précautions pour qu'ils tombent dans la bonne direction, élaguer les branches qui gênent, rapprocher deux arbres à côté l'un de l'autre, etc. Nous pensons qu'il sera plus simple d'avoir recours à des radeaux légers de sacs, ou mieux de tonneaux. Avec trois tonneaux ordinaires de 220 litres on a un support[1] ayant une force supérieure à 600 kilogr., facile à transporter, à mettre l'eau. Si, avec un ou deux supports de cette nature, on apporte des poutrelles et des madriers, on construira très rapidement un pont pour l'infanterie : la durée du travail sous le feu de l'ennemi et les aléas de l'opération seront réduits au minimum.

De cette discussion nous conclurons :

Une section de la compagnie du génie de corps sera mise à la disposition du régiment n° 1, pour l'établissement des communications avec le 25e corps et des passerelles sur le Durgeon vers le bois du mont Valer.

Trois sections seront à la disposition du régiment n° 2 pour le passage de la rivière vers Pontcey ou en amont (une section), et les débroussaillements à pratiquer dans la partie est du bois des Rompeux (2 sections).

Les reconnaissances faites avant l'arrivée de la compagnie à Boursières auront déterminé la nature des travaux à entreprendre et procuré les matériaux.

Le capitaine commandant la compagnie de corps sait, par l'ordre du corps d'armée (du 4 août au soir), qu'il sera le lendemain à la disposition de la 51e division. Après avoir réglé la marche de sa compagnie jusqu'à Boursières, il vient de bon matin au quartier général de

---

[1] Les radeaux dont nous parlons sont des radeaux d'une seule file de tonneaux, en accouplant quatre radeaux semblables, on aura un radeau à deux files d'une force supérieure à 2,400 kilogrammes, suffisant pour l'artillerie, avec des travées de 3m,50 environ. La résistance demandée à nos ponts militaires étant de 650 à 700 kilogrammes par mètre courant, le procédé nous paraît intéressant car : 1° on trouve à peu près dans tous les villages de quoi faire ces radeaux; 2° la pratique en est facile; 3° le premier passage à assurer est celui de l'infanterie, le radeau à trois tonneaux, très maniable, y suffit lorsque, ensuite, l'infanterie ayant gagné du terrain, on pourra travailler avec une certaine sécurité; l'accouplement des radeaux permettra le renforcement du pont pour le mouvement en avant de l'artillerie.

la division[1], y prend connaissance de l'ordre et des intentions du général, puis se renseigne, tant auprès du commandant des avant-postes, que par ce qu'il peut voir directement, sur la valeur de la rivière comme obstacle. Il fait[2] requérir des bois, des tonneaux, etc., à Pontcey, à Boursières, et à Velle-le-Châtel, et, lorsque sa compagnie arrive à 10 heures, il est en mesure de prescrire, en toute connaissance de cause, la répartition des sections et des outils, la nature des travaux à exécuter, etc.

L'ordre de la 51e division met la *compagnie divisionnaire du génie à la disposition du commandant de l'artillerie*. Il y a peut-être là de quoi surprendre, car ce n'est pas l'habitude.

Pour apprécier l'utilité de cette mesure examinons la question de plus près.

L'artillerie a pour mission d'appuyer les attaques de la 101e brigade sur le bois de la grande Rèpe et, surtout, sur le bois de Fénussel où doit s'exercer l'effort principal. Elle ne dispose primitivement pour cela, que de la position de la croupe 267 où elle sera mal placée car : elle ne voit pas le fond de la vallée, elle est déjà loin du bois de Fénussel (3,800 mètres) et n'a aucune action sur sa lisière nord par laquelle on cherchera vraisemblablement l'enveloppement. Si au contraire, elle peut venir s'établir en arrière de la lisière orientale du bois des Rompeux, elle se trouvera dans des conditions toutes différentes, pour appuyer efficacement l'infanterie, à laquelle son concours est d'autant plus nécessaire que les pentes à gravir pour

[1] Un ordre de détail du commandant du génie du corps d'armée devra du reste le lui prescrire.

[2] Il aura emmené, comme nous l'avons vu pour l'officier en reconnaissance pendant la marche, un ou deux sous-officiers à bicyclette qui feront ces réquisitions.

atteindre le bois de Fénussel sont complètement découvertes.

La nécessité d'amener le plus tôt possible de l'artillerie à la lisière est du bois des Rompeux et pour cela de travailler cette lisière, étant reconnue, comment faut-il s'y prendre ? Faut-il dire au sapeur de préparer des positions de batteries ? Mais le choix de ces positions n'est pas son affaire ; il n'y a logiquement qu'un moyen : donner le génie au commandant de l'artillerie, seul en situation de connaître et de prescrire la nature des travaux à exécuter. Nous voyons par ce nouvel exemple la nécessité de mettre le génie à la disposition des autres armes et de le faire travailler pour elles d'après l'idée générale du commandement. Nous voyons aussi, que la compagnie du génie de corps était nécessaire à la 51e division en raison de la nature du terrain où elle va s'engager, et, sans revenir sur l'utilité des compagnies de corps, cette question ayant déjà été étudiée [1], nous remarquerons simplement, que ces compagnies, étant appelées à renforcer les compagnies divisionnaires, doivent avoir la même instruction qu'elles.

Dans l'organisation actuelle, on les considère comme destinées plus spécialement au lancement des ponts d'équipage, ce qui peut conduire à les réserver dans ce but. La création de pontonniers, organe d'armée, prévue par le projet de loi des cadres, laissera au corps d'armée la disposition de toutes ses compagnies du génie comme troupes du champ de bataille. Elle permettra d'uniformiser l'instruction, déchargée des écoles de perfectionnement de pontage, au bénéfice des exercices pratiques du service en campagne ; elle permettra sans doute également d'alléger les équipages de ponts de corps d'armée par la création d'équipages d'armée.

---

[1] Chapitre IV.

OPÉRATIONS DE LA 52e DIVISION.

Le 5 août, vers 1 heure du soir la 52e division et les éléments qui lui sont rattachés sont ainsi rassemblés[1] :

La 26e brigade de cavalerie, dans le vallon au nord de Vy-le-Ferroux, détache 1 escadron à Traves (1 peloton à Bucey-lès-Traves, 1 peloton à Ovranches) et 1 escadron à Aroz (maintenant la liaison avec la 51e division).

La 103e brigade a ses deux régiments échelonnés : l'un, le long du chemin de Vy-le-Ferroux à Noidans la tête à Vy-le-Ferroux, couvrant le rassemblement vers le Nord, l'autre, le long du chemin de Vy-le-Ferroux à Vallerois-lès-Raze la droite à Vallerois, couvrant le rassemblement vers l'Est. — *La 104e brigade* a ses régiments respectivement rassemblés, en carré de quatre colonnes doubles, à cheval sur les deux chemins de terre allant de Noidans à Vy-le-Ferroux. — *La compagnie divisionnaire du génie* est dans cette localité. — *L'artillerie divisionnaire* est formée aux abords de la route de Vy-le-Ferroux à Neuvelle-lès-la-Charité, à 1,000 mètres au nord de la cote 243.

L'escadron divisionnaire ayant son gros à Raze éclaire vers le bois de la Ramaille, Clans, Baigne et Rozey ; il a 1 peloton détaché au signal de Noidans.

L'artillerie de corps est rassemblée en 2 fractions, en avant (nord-est) des deux régiments de la 104e brigade, le long des chemins de Noidans à Vy-le-Ferroux.

La compagnie d'équipage de pont arrive à Noidans. — A 1 h. 30, pendant que le combat est sérieusement engagé sur tout le front de l'armée, ordre arrive au général commandant la 52e division de « se porter avec sa division, 8 batteries de l'artillerie de corps (dont 2 à cheval),

---

[1] Solution du thème n° 6 dont nous résumons ici le texte.

la compagnie d'équipage de pont et la 26e brigade de cavalerie sur Port-sur-Saône par Scey et Rupt, puis de s'avancer sur Vesoul. On l'informe, en même temps, que le pont de Port-sur-Saône est détruit et que la 9e division de cavalerie s'est concentrée vers Combeaufontaine.

En exécution des prescriptions de l'ordre de l'armée, le général commandant la 52e division qui est à Vy-le-Ferroux avec ses subordonnés directs, leur explique la situation et son intention de marcher en deux colonnes de brigades par les routes de Traves et de Rupt, puis il leur donne verbalement les ordres suivants[1] :

« 1° *La brigade de cavalerie*, renforcée du groupe à cheval de l'artillerie de corps, se dirigera par Traves sur Port-sur-Saône avec mission de tenir, au profit de la division, tout d'abord le passage de Scey, puis le défilé boisé situé à l'ouest de Port-sur-Saône.

« Des reconnaissances seront immédiatement lancées en vue de constater l'état des ponts de Conflandey et de Port-d'Atelier.

« Toutes les barques trouvées entre Conflandey et Chaux-lès-Port seront réunies, s'il est possible, dans le bras ouest de l'île située au sud de Chaux.

« 2° *La 103e brigade, l'artillerie et le génie de la division, 3 pelotons de l'escadron divisionnaire*, formeront la colonne de droite sous les ordres du chef de la 103e brigade ; l'équipage de pont suivra cette colonne.

« Itinéraire : Traves, Ovranches, Saint-Albin, Scey-sur-Saône, route bordant la lisière ouest du bois du Chanois, Port-sur-Saône...

« . . . .

« 3° *La 104e brigade, 2 groupes montés de l'artillerie de corps et 1 peloton de l'escadron divisionnaire* consti-

---

[1] Solution du thème n° 6.

tueront la colonne de gauche de la division, sous les ordres du général commandant la 104e brigade.

« Itinéraire : Cubry-lès-Soing, Chantes, Rupt, le Parc, Scey-sur-Saône, route de Chargey-lès-Port.

« Arrivée à hauteur de la grande route de Combeaufontaine à Port-sur-Saône, la colonne de gauche se rassemblera au sud du bois de Port-sur-Saône prête à s'engager dans le défilé compris entre ledit bois et celui du Chanois.

« . . . . »

Que fait le génie dans cette opération?

Un capitaine de l'état-major du génie du 26e corps est détaché à la brigade de cavalerie. Dans la matinée, il a dû se procurer des renseignements sur le régime de la Saône, sa navigabilité, la nature de son fond, les ressources de la batellerie et les passages existants. On ne sait pas si on sera amené à traverser la rivière, c'est vrai ; mais, lorsqu'on a près de soi un tel obstacle, il est bon de s'en préoccuper et de rechercher sur quoi l'on pourrait compter, le cas échéant.

En exécution de l'ordre de 1 h. 30, la brigade de cavalerie envoie des reconnaissances sur Port-sur-Saône, Conflandey, Port-d'Atelier et les fait soutenir par une avant-garde, chargée d'occuper le défilé boisé à l'ouest de Port-sur-Saône tandis qu'elle même tiendra Scey au profit de la 52e division.

Le capitaine du génie part avec cette avant-garde ; il a demandé qu'on mette à sa disposition les sapeurs des deux régiments de cavalerie[1]. Les reconnaissances signalant que l'ennemi tient Port-sur-Saône avec des fusils,

---

[1] On pourra objecter que les régiments de cavalerie vont être privés de leurs sapeurs, mais ici la 26e brigade a comme première mission d'opérer au profit de la 62e division, et c'est pour le moment la chose principale, aussi tous ses moyens doivent-ils être employés dans ce but.

mais que Conflandey est libre, le capitaine du génie s'y rend avec son petit détachement ; il a appris dans la matinée qu'il trouverait dans ce village une dizaine de barques et de pêcheurs.

Il s'agit pour lui :

a) De connaître les endroits où le lancement d'un pont sera possible ;

b) De rechercher comment les premiers éléments d'infanterie qui attaqueront Port-sur-Saône, gagneront la rive gauche de la Saône ;

c) De rassembler toutes les barques utilisables et de préparer avec elles un passage de fortune.

On ne peut approcher de Port-sur-Saône, mais le pourrait-on, qu'une reconnaissance détaillée de la Saône entre Conflandey et Port-sur-Saône, c'est-à-dire sur une longueur de 4 à 5 kilomètres seulement, demanderait plusieurs heures. Les îles et les bancs de sable qui en accidentent le lit, les barrages établis, les déviations canalisées font d'un cours d'eau de cette importance un ensemble fort complexe, où l'on ne se retrouve bien qu'au bout d'un certain temps.

Aussi, l'officier du génie, si exercé qu'il soit, aura t-il toujours avantage à recourir aux habitants qui, par leur profession, sont à même de le renseigner exactement[1]. Il se bornera alors à vérifier leurs indications et à voir dans quelle mesure elles sont compatibles avec les nécessités techniques (hauteur des berges, voies d'accès) et les conditions tactiques (défilement, etc.) auxquelles, est soumis le choix du point de passage d'une rivière à proximité ou en présence de l'ennemi.

A Conflandey, le capitaine du génie se met en quête d'un pêcheur, d'un marinier, et tandis qu'il laisse à un

[1] Les procédés à employer vis-à-vis de ces habitants varieront naturellement avec les circonstances, le pays, ennemi ou ami, où l'on opérera.

sous-officier (sapeur de cavalerie) le soin de réunir les barques et les planches trouvées sur place, d'en faire des portières légères, comme nous le verrons ultérieurement,

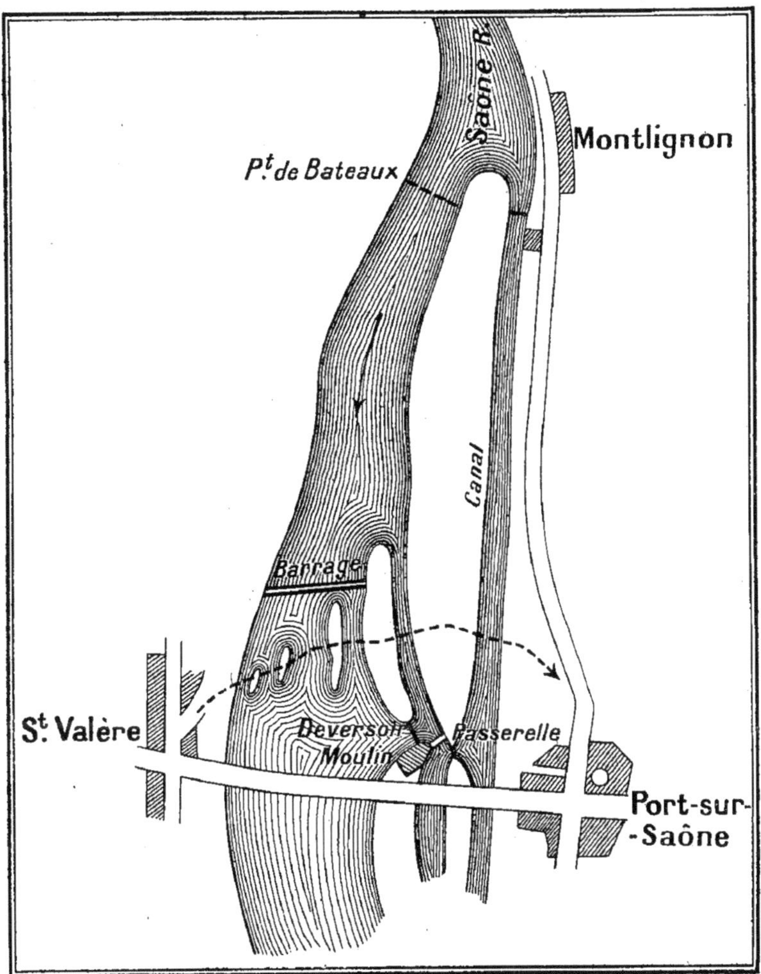

La Saône à Port-sur-Saône.

et de réquisitionner les habitants pour descendre ces portières à l'île de Chaux, il monte en bateau avec son homme et va voir.

L'île de Chaux divise la Saône en deux bras : celui de droite (vieille Saône) n'est large que de 15 à 20 mètres, profond de $1^{m},50$ à 2 mètres, mais il est encombré de roseaux; celui de gauche, réservé à la navigation, mesure en moyenne 60 mètres avec des fonds de 3 à 4 mètres. En aval de cette île, la rivière conserve la même profondeur, sa largeur varie de 45 à 70 mètres. A hauteur de Montlignon, commence la grande île qui s'étend jusqu'au pont de Port-sur-Saône ; à gauche est le canal qui se raccorde avec la rivière au coude du champ Rougeot (bois communaux); sur le bras droit, qui atteint par endroits 80 mètres, est construit le barrage.

Celui-ci ne s'appuie pas directement sur la grande île, mais sur la pointe d'une île plus petite découpée parallèlement à la première ; entre ces deux îles, coule la prise d'eau du moulin, large de 12 mètres et profonde de $2^{m},50$. Le barrage n'est guère praticable en raison de sa forme, mais en aval et immédiatement au pied la profondeur d'eau est faible, $0^{m},40$ environ ; le passage en cet endroit est facilité par l'existence de plusieurs îlots[1]. (*Voir croquis.*)

Par ce gué l'infanterie peut bien atteindre la première île, mais pour gagner la rive gauche il lui faut encore traverser la prise d'eau du moulin, la grande île et le canal[2]. Comment lui en fournir le moyen ?

On prévoit souvent, dans les études de passage de rivières, l'emploi des bâteaux du commerce. Nous ne croyons pas, pour notre part, qu'on puisse beaucoup

---

[1] Ces derniers renseignements ne peuvent être vérifiés par le capitaine du génie puisque Saint-Valère et Port-sur-Saône sont occupés, mais il peut s'avancer vraisemblablement jusqu'à la pointe nord de l'île et se rendre compte de la façon dont la rivière est canalisée; quant à la possibilité de passer en aval du barrage elle est très admissible.

[2] Il existe bien une passerelle de bois au moulin donnant accès à la grande île, mais elle sera probablement détruite.

compter sur cette ressource dans la région où se dérouleront les hostilités. Ou bien les bâteaux du commerce auront été requis par les services de l'arrière pour les grands transports du ravitaillement, ou bien ils auront été mis soigneusement à l'abri par leurs propriétaires. Sur la Saône on en trouvera sans doute à Mâcon, à Lyon, mais il est bien peu probable qu'on rencontre quelques égarés aux environs de Conflandey. En général, on ne pourra utiliser que les barques des pêcheurs du pays; nous avons vu qu'il en existait une dizaine à Conflandey. Qu'en fera-t-on ? Avec 10 barques, transportant chacune 5 à 6 hommes, le passage d'une rive à l'autre sera très long ; aussi pensons-nous que la meilleure façon de les employer est de les accoupler deux par deux et d'en coustituer de petites portières. A cet effet, les barques placées à 3 mètres environ d'axe en axe sont réunies au moyen de perches que l'on brêle avec des cordes (ou du fil de fer) passant sous la quille, ces perches servent de poutrelles au tablier qu'on achève avec quelques planches. On a ainsi un corps flottant capable de recevoir une quinzaine d'hommes ou 2 à 3 chevaux, suivant la résistance du tablier, on peut également s'en servir comme support intermédiaire d'un pont de fortune. Dans le cas présent, l'ordre étant donné à 1 h. 30, le capitaine du génie a pu arriver à Conflandey avec les sapeurs[1] de cavalerie vers 4 heures.

Tandis qu'il a fait la reconnaissance de la rivière, les hommes ont construit les portières, les habitants requis ont apporté des bois et des cordages ; tout cela n'a pas demandé plus d'une heure. Si nous comptons quarante-cinq minutes[2] pour descendre la Saône jusqu'à Montlignon, et autant pour les imprévus, nous voyons qu'à

---

[1] Au nombre de 24.

[2] La vitesse du courant est de $1^{m},50$ environ.

6 h. 30 du soir, heure à laquelle l'infanterie arrivera devant Saint-Valère, nous aurons à la pointe nord de l'île de quoi assurer son passage.

Les divisions de cavalerie sont maintenant dotées d'un matériel de ponts légers ; nous ne voulons pas discuter les services qu'on peut en attendre, c'est un excellent moyen, mais un moyen qui peut manquer ; aussi croyons-nous que des reconnaissances bien faites et l'utilisation judicieuse des ressources trouvées sur place fourniront encore souvent aux cavaliers le meilleur moyen de passer les rivières.

Quelques-unes de nos divisions disposent d'un détachement cycliste du génie, mais toutes n'en ont pas ; il est également impossible d'en affecter aux brigades de corps, la cavalerie ne devra, dans bien des circonstances compter que sur elle-même. S'il est vrai que deux ans sont tout juste suffisants pour apprendre aux hommes à monter à cheval et à manier leurs armes, il n'en reste pas moins désirable qu'on puisse avec des rengagés continuer à former quelques spécialistes : les télégraphistes et les sapeurs sont les plus utiles.

Pour être profitable, l'instruction de ces sapeurs doit, il nous semble, être dirigée par l'officier du génie désigné pour faire partie de l'état-major de la division. Emploi élémentaire des explosifs et mise en pratique de procédés très simples pour les passages de rivières seraient les points essentiels à enseigner. Le capitaine appelé à faire partie de l'état-major du génie du corps d'armée, et partant à être fréquemment détaché avec la brigade de corps, aurait la même mission auprès des régiments de cette brigade.

Ce serait encore là le travail en commun pour le bien général.

Il n'est pas sans intérêt, de voir comment ces dispositions vont trouver leur application au cours des événements que nous résumons ici d'après le *Journal des Sciences militaires*. A 6 h. 30 du soir, l'avant-garde de la colonne de droite de la 52e division se présente devant le faubourg de Saint-Valère qu'elle occupe sans coup férir; le pont est détruit et l'ennemi a des fusils, sur l'autre rive, à la lisière ouest de Port-sur-Saône. Le gros de la colonne commence à se rassembler dans le voisinage de la grande route à l'est des bois (cote 268); l'équipage de pont est rapproché le plus possible de Saint-Valère.

La colonne de gauche, ayant eu plus de chemin à parcourir, débouche de Scey; elle viendra se rassembler aux abords de la cote 273 (ouest des bois). Un bataillon et quelques cavaliers ont été laissés à Scey, pour en tenir le pont.

La cavalerie surveille le cours de la Saône en amont et en aval de Port-sur-Saône; le gros de la brigade, dès que l'infanterie de la colonne de droite est parvenue près du bois du Chanois, s'est dirigé sur Port-d'Atelier pour en occuper le pont.

L'intention du commandant de la 52e division est de faire enlever Pont-sur-Saône :

1° En rendant le village intenable au moyen d'une artillerie nombreuse déployée sur le mouvement de terrain situé au nord-ouest de Saint-Valère ;

2° En faisant passer peu à peu des fantassins sur la rive gauche de la Saône par des moyens de fortune[1].

La lisière ouest de Port-sur-Saône une fois évacuée, le lancement d'un pont de bateaux succédera immédiate-

[1] Les rédacteurs du *Journal des Sciences militaires* ont admis que ce passage pourrait se faire au barrage de Montlignon, la description du cours de la Saône que nous avons donnée d'après une reconnaissance personnelle montre qu'on devra encore, après avoir passé le gué du barrage, traverser deux bras très profonds, l'un de 12 mètres, prise d'eau du moulin, l'autre de 20 mètres, canal.

ment; l'on procédera ensuite, si possible, à la réparation du pont fixe[1].

Durant tout le temps que demandera la construction du pont de bateaux, l'infanterie, parvenue sur la rive gauche de la Saône, se bornera à protéger l'exécution du travail en s'avançant simplement jusqu'à la lisière orientale de Port-sur-Saône. Le passage achevé, une avant-garde, forte d'un régiment, de trois batteries et de l'escadron divisionnaire, s'engagera sur la route de Vesoul, le reste de la brigade mixte de tête franchira la Saône à son tour et la 104e brigade mixte serrera sur Saint-Valère.

Entrons dans le détail de ces opérations:

Le capitaine du génie détaché à la 26e brigade de cavalerie a rejoint, sa reconnaissance faite et ses dispositions prises, le général commandant la 52e division. Il lui rend compte des renseignements qu'il a recueillis, des moyens par lesquels l'infanterie pourra gagner la rive gauche de la rivière, et il lui indique la pointe nord de l'île de Montlignon comme l'endroit lui paraissant le plus convenable au lancement d'un pont de bateaux. Il reçoit, en conséquence, la mission d'assurer le passage des premiers éléments d'infanterie, le capitaine commandant la compagnie divisionnaire s'occupera du pont de bateaux. Les portières de fortune, construites comme nous l'avons indiqué, ont été amenées en longeant la rive droite de la Saône, gardée par la cavalerie, à hauteur de la pointe nord de l'île de Montlignon. Dès que l'infanterie, par le

---

[1] Le *Journal des Sciences militaires* paraît avoir fait ici une confusion, la compagnie divisionnaire du génie étant chargée de la réparation du pont existant, on est amené à en déduire que le lancement du pont d'équipage serait confié à la compagnie d'équipage des ponts. Or, celle-ci n'est qu'un organe de transport; elle ne comprend, en plus des conducteurs, que le personnel nécessaire à l'entretien et aux menues réparations du matériel.

gué du barrage, est arrivée dans la petite île[1], on établit avec une de ces portières une passerelle sur la prise d'eau du moulin ; quand il y aura assez de monde dans la grande île, on fera la même chose au moyen de trois portières sur le bras canalisé. Avec des hommes un peu exercés, tout ceci sera très rapide et d'un rendement bien plus grand que les trailles, ponts volants ou tous autres procédés analogues préconisés généralement[2].

Le choix de la pointe nord de l'île de Montlignon pour le lancement du pont de bateaux[3] permet de commencer le travail aussitôt qu'on occupera cette île. Une partie de pont de trois bateaux, destinée à la traversée du canal, pourra être construite simultanément sur la rive de départ ; il suffira, quand on tiendra la rive gauche, de l'amener à l'emplacement voulu.

La durée de tous ces travaux dépendra de la résistance opposée par l'ennemi, mais on conçoit que leur exécution, préparée et organisée de cette façon, ne demandera qu'un temps assez court[4].

Il est dans les intentions du général commandant la 52e division de faire procéder, après l'enlèvement de Port-sur-Saône, à la réparation du pont existant, afin de

---

[1] Voir le croquis.

[2] Ces passerelles seront construites de la manière suivante : Un cordage (corde à fourrage) tendu en travers de la rivière permet d'amarrer les portières du coté amont, comme les bateaux du pont Véry ; en laissant entre elles un intervalle de 3 mètres, on pourra les réunir par de simples planches. Les échelles, les planches des charrettes lorraines, toutes mobiles, seront avantageusement utilisées aussi bien pour la confection du tablier que pour celle des portières.

[3] L'accès du pont sur la rive droite est facile par la prairie, le débouché sur la rive gauche se fait à l'endroit où la route de Chaux-lès-Port borde la rivière en se trouvant à son niveau.

[4] Nous l'évaluons à une heure à partir du moment où la compagnie d'équipage de pont atteindra Saint-Valère.

rendre le matériel d'équipage disponible. L'importance de la destruction faite par l'ennemi n'étant pas connue, nous nous bornerons sur ce point à quelques réflexions d'ordre général.

On trouve à Port-sur-Saône, chez un industriel, des bois de toutes dimensions, c'est la première chose dont il faudra se préoccuper ; mais le problème n'est pas résolu pour cela.

Le pont de Port-sur-Saône est en pierre avec des arches de 20 mètres, la hauteur du tablier au-dessus de l'eau est de 7 mètres. Si la brèche ne dépasse pas 10 mètres, la réparation sera simple, car on pourra la faire avec des poutrelles reposant sur les deux bords de la partie conservée[1] ; mais, si la largeur à franchir dépasse 10 mètres, c'est un travail de charpente à entreprendre.

Qu'il s'agisse d'un dispositif avec sous-poutres et contrefiches ou d'un pont sur ferme, il faut des gens exercés, du temps pour tracer les épures, préparer les assemblages, monter les bois. En outre, pour travailler à 7 mètres au-dessus de l'eau, il est nécessaire d'établir préalablement un échafaudage ou une passerelle de service.

Ces raisons nous conduisent à penser qu'on aura souvent avantage à tourner la difficulté, en construisant de toutes pièces, dans un endroit bien choisi, un pont de circonstances. S'il est indiqué, sous la réserve que les conditions tactiques soient remplies, de rechercher pour les lancements de ponts de bateaux les points où la rivière à traverser présente avec les plus grands fonds la largeur minimum, il est au contraire préférable pour les ponts de circonstances, de se placer dans les conditions

[1] Pour 10 mètres de portée, il faudrait dix poutrelles de $0^{m},20$ d'équarrissage.

inverses; on peut alors prendre comme supports intermédiaires tout ce que l'on veut, fagots, piles de rondins, etc.

Dans le cas présent, au lieu de réparer une brèche d'assez grande dimension, on aura plus vite fait d'aménager le gué du barrage et de se raccorder à la partie non détruite, soit par le déversoir du moulin, soit par la grande île.

Mais il faut que nous mettions au point une méthode de construction rapide de ponts de circonstances et que nos compagnies soient dotées de l'outillage correspondant[1].

---

[1] Cette méthode serait dérivée du procédé de construction des ponts de pilotis légers de façon à pouvoir conduire le travail avec deux équipes, l'une derrière l'autre. Les palées de quatre pilots (bois de ferme de $0^m,12$) seraient battues à l'aide des sonnettes légères (mouton de 30 kilogrammes), portées sur les voitures de sapeurs-mineurs. Ces pilots seraient entaillés à tiers-bois pour recevoir des moises formant chapeau fixées avec des boulons.

CHAPITRE V

Conclusions.

Nous avons essayé de faire ressortir dans cette étude, le concours que les troupes du génie pouvaient apporter aux autres armes sur le champ de bataille, nous sommes amené à conclure que leur organisation et leur instruction doivent surtout avoir pour but de les préparer à cette tâche.

La question de l'organisation est si complexe et touche à des intérêts si divers que nous ne sommes point en situation pour la discuter. Nous nous bornerons à souhaiter que les bataillons, rendus autonomes, puissent être placés directement sous les ordres du commandement et participer plus fréquemment à des exercices d'ensemble.

Si cette réforme doit être abandonnée, en raison des dépenses qu'elle entraînerait, nous pensons que le génie livré à lui-même peut encore faire beaucoup dans la voie du progrès.

La création de pontonniers ayant, comme corollaire, l'allègement des équipages des ponts de corps d'armée et le rétablissement des équipages d'armée[1], la création de bataillons de forteresse spécialement exercés aux travaux

---

[1] Les cours d'eau qui sillonnent la région du Nord-Est, et qu'on sera vraisemblablement amené à traverser, peuvent être rangés en deux catégories, en laissant bien entendu de côté les petits ruisseaux :

1° Les cours d'eau d'importance moyenne dont la largeur ne dépasse

de mines et de fortification semi-permanente, mesures dont le principe paraît adopté, permettront de donner à l'instruction des troupes de campagne, actuellement enserrée dans les liens étroits d'un programme trop chargé, une orientation plus pratique.

Le service à court terme impose au génie les mêmes obligations qu'aux autres armes. Faire le plus simple possible sera presque toujours faire le mieux possible. Mais cette simplicité, comportant dans chaque situation,

---

pas une soixantaine de mètres avec une vitesse de courant de 1 à 2 mètres.

2° Les grandes rivières ou fleuves d'une largeur supérieure à 100 mètres avec une vitesse de courant pouvant atteindre et même dépasser par temps de crues 3 mètres à la seconde.

L'examen rapide d'une carte montre que les cours d'eau de la 1re catégorie, parmi lesquels on peut citer l'Aisne, l'Aire, la Meuse, les affluents de la Moselle, la Seille, la Sarre sont de beaucoup les plus nombreux. Tous nos corps d'armée doivent être en mesure de les traverser avec leurs moyens propres, ce qui nécessite :

a) Que chaque corps d'armée soit doté d'un équipage comprenant le matériel nécessaire à l'établissement d'un pont de 70 mètres environ avec une assez forte proportion de chevalets à deux pieds pour le pontage en faible profondeur.

b) Que toutes les compagnies de sapeurs de campagne soient capables d'exécuter ces lancements en quelque sorte élémentaires.

Dans la 2e catégorie viennent se ranger la Moselle, en aval de Toul, puis le Rhin et les grands fleuves de l'Allemagne occidentale.

En raison des moyens à mettre en œuvre pour franchir un tel obstacle, des mesures de sûreté qu'une opération de cette importance comporte, des conséquences qu'elle peut avoir au point de vue stratégique sur les mouvements d'ensemble de nos forces constituées, on voit qu'elle ne saurait plus être du domaine des corps d'armée. Le passage d'un grand cours d'eau sera nécessairement une opération d'armée.

Dès lors il est naturel que l'armée possède organiquement un équipage de pont et des compagnies de sapeurs-pontonniers.

La création des organes d'armée a eu pour but :

1° D'alléger les corps d'armée ;

2° De donner au commandant de l'armée le moyen de venir en aide à tel ou tel corps de l'armée suivant les besoins.

Or, pour ce qui est des passages de cours d'eau importants les corps

une solution appropriée, impliquera généralement l'utilisation judicieuse des ressources du moment.

Apprendre à « utiliser le pays » si l'on peut ainsi parler, comme les autres armes apprennent à utiliser le terrain, tel est, selon nous, pour les troupes du génie, la base d'une instruction qui voudra « *avoir pour but unique la préparation à la guerre* ».

Pour cela, il faut quitter le polygone, réservé seulement aux instructions de détail, tout comme l'infanterie a quitté le terrain d'exercice, et travailler comme elle à

---

d'une armée ne se trouveront pas dans les mêmes conditions, les uns pouvant, par exemple, utiliser des ponts existants et les autres devant en construire avec le matériel d'équipage ou bien encore les uns en avant-garde ou en première ligne devant établir des passages qui serviront ensuite aux corps de deuxième ligne. Sans pousser plus loin cette discussion, nous voyons qu'elle fait ressortir la nécessité d'organes d'armée pour le franchissement des grandes rivières.

Avec l'organisation actuelle chaque corps est doté d'un matériel permettant la construction d'un pont de 120 mètres, et les opérations du lancement doivent être confiées de préférence à la compagnie du génie de corps qui reçoit une instruction spéciale.

Pour les grands cours d'eau, l'équipage d'un corps d'armée n'étant pas suffisant, il faudra réunir ceux de deux ou trois corps, de là des mouvements longs et compliqués, des retards, sans compter que les corps, dont le matériel sera ainsi immobilisé au profit de l'armée, n'auront plus absolument rien à leur disposition pour les passages secondaires dont nous avons parlé précédemment.

De même, il faudra réunir les compagnies du génie de corps de plusieurs corps d'armée, au détriment de ceux-ci, déjà si faiblement dotée en troupes du génie de campagne.

Au point de vue de l'instruction enfin, les inconvénients ne sont pas moindres. Si l'on veut former en deux ans de bons pontonniers, on ne peut guère leur demander autre chose ; vouloir des compagnies du génie aptes à tout, c'est s'exposer à en avoir qui ne feront pas grand'chose de bon ou qui ne feront qu'une partie de leur tâche. C'est la situation actuelle : nous avons des sapeurs très exercés au pontage dont l'instruction est activement poussée, mais nous n'avons pas de sapeurs de campagne connaissant les besoins des autres armes et en mesure d'y satisfaire. Le service à court terme exige la spécialisation de certaines unités ; celle des pontonniers est une des plus indiquée.

l'extérieur suivant des hypothèses simples. Les crédits employés ainsi ne seront pas plus élevés que ceux dépensés au polygone ; les hommes prendront plus d'intérêt au travail, et le rendement sera meilleur.

Cette conception ne va pas sans une modification de l'outillage des compagnies qui devrait être lui aussi, plus approprié au but poursuivi.

S'agit-il de confier au génie la construction de retranchements ? Nous avons vu que non, puisque l'infanterie devra y procéder elle-même. L'antique ouvrage de compagnie a disparu de nos règlements ; alors pourquoi laisser dans les voitures de sapeurs-mineurs 64 pelles et 30 pioches : les 66 pelles et 66 pioches portatives ne seront-elles pas suffisantes dans la plupart des cas ?

Mais pour ces cas assez rares, nous avons le parc du génie, et, si l'on craint de l'avoir trop loin, pourquoi ne ferait-on pas passer quelques voitures d'outils, plus légères que les prolonges de parc, au train de combat du corps d'armée ?

En ajoutant une ou deux de ces voitures aux sections de munitions d'infanterie, on aurait à portée de la main des outils de grand modèle, pouvant être mis aussi bien à la disposition de l'infanterie que du génie.

Nous n'entrerons pas dans le détail de cette discussion trop technique, et nous conclurons que : si l'on réserve les troupes du génie pour leur véritable tâche, l'exécution des travaux que les autres armes ne peuvent pas entreprendre, en particulier l'établissement de communications de toutes sortes, elles doivent être pourvues surtout d'outils spéciaux appropriés à des méthodes de travail très simples, basées principalement sur « *l'utilisation du pays* ».

Paris. — Imprimerie R. CHAPELOT et Cie, 2, rue Christine.

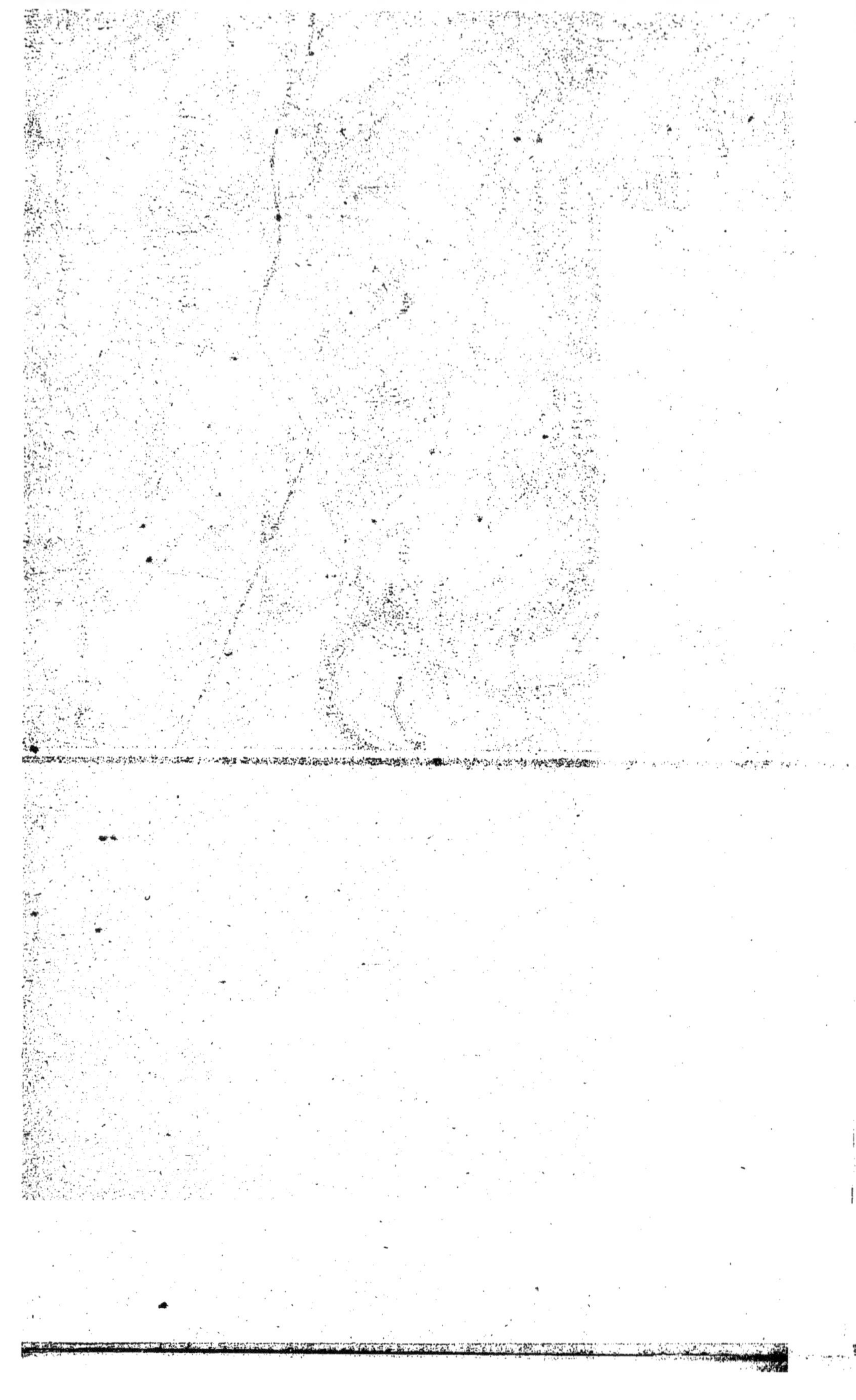

A LA MÊME LIBRAIRIE

Étude sur l'orientation intellectuelle des officiers de compagnie; par le lieutenant **Jaray**, du 130e d'infanterie. 1909, broch. in-8........... 1 fr. 25

L'infanterie soutien de l'artillerie; par le capitaine **Génie**, du 3e bataillon de chasseurs à pied. 1909, broch. in-8 avec un croquis hors texte.............. 75 c.

Organisation et encadrement de l'infanterie; par **A. H.** 1909, broch. in-8.. 1 fr.

Étude critique du projet de loi des cadres. *Infanterie;* par le capitaine d'infanterie breveté **G**... 1909, broch. in-8.................................. 50 c.

Deux manœuvres avec tir réel à Sissonne en 1908. — Contribution à l'étude des principales questions soulevées par la conduite des feux et l'instruction du groupe; par le colonel breveté **Laithiez**, du 73e d'infanterie. 1909, broch. in-8 avec une carte d'ensemble hors texte et 3 croquis, dont 2 hors texte......... 2 fr.

La section au combat. — Conduite des feux. — Vade-mecum à l'usage des chefs de section; par le commandant **Clarinval.** 1909, 1 vol. in-12 avec grav. 80 c.

La compagnie cycliste du 4e bataillon de chasseurs aux manœuvres d'automne du 20e corps (10-11-12 septembre 1907); par le lieutenant **Pauly**, du 4e bataillon de chasseurs. 1909, broch. in-8.................................. 75 c.

Pour t'aider dans le commandement de ta compagnie. — *Lettres à mon neveu;* par le capitaine Gustave **Cognet**. 1908, 1 vol in-8.................. 3 fr.

Fonctionnement du fusil modèle 1886-93, mis à la portée des jeunes soldats: par Jacquelot **de Boisrouvray**, lieutenant au 117e rég. d'infant. 1908, broch. in-8 avec gravures.. 40 c.

L'infanterie de forteresse; par Edmond **Knoll**. 1907, broch. in-8..... 50 c.

Instruction tactique de la compagnie. — Le combat offensif, d'après l'expérience de la guerre russo-japonaise; par le capitaine **V.-T. Lebedev**. Traduit du russe par le capitaine E. CAZALAS. 1908, broch. in-8 avec croquis..... 1 fr.

Modifications successives apportées dans la tactique de l'infanterie. Causes de ces modifications; par le lieutenant-colonel **Dencausse**, du 4e régiment de zouaves, commandant le groupe de Bizerte. 1908, broch. in-8........ 1 fr. 25

L'infanterie montée avec la cavalerie en avant des armées. Projet d'organisation d'une compagnie montée adjointe à une division de cavalerie; par le capitaine **Besset**, du 19e régiment d'infanterie. 1908, broch. in-8 avec grav. 1 fr. 25

Étude historique sur les canons d'infanterie; par Adrien **Brousse**, capitaine d'infanterie coloniale. 1908, broch. in-8 avec croquis............. 1 fr. 25

En terrains variés; par le lieutenant **Chevron**, du 22e bataillon alpin de chasseurs à pied. 1908, 1 vol. in-16 cart. avec figures......................... 60 c.

Le bouclier de demain; par F. **Magne**, lieutenant au 131e régiment d'infanterie. 1908, broch. in-8 avec croquis.. 60 c.

La mitrailleuse d'infanterie. — Son histoire, son emploi tactique; par le capitaine **Mairetet**, du 112e rég. d'infanterie. 1909, broch. in-8 avec grav. 2 fr. 50

Paris. — Imprimerie R. CHAPELOT et Ce, rue Christine, 2

www.ingramcontent.com/pod-product-compliance
Ingram Content Group UK Ltd.
Pitfield, Milton Keynes, MK11 3LW, UK
UKHW020408230726
13925UKWH00003B/1306